天智朝と東アジア
唐の
支配から
律令国家へ

TENJICHO TO HIGASHI ASIA
TO NO SHIHAI KARA RITSURYOKOKKA HE

© Shuya Nakamura 2015

Simplified Chinese translation rights arranged with

NHK Publishing, Inc. Tokyo

through Japan UNI Agency, Inc., Tokyo

# 天智天皇的日本

## 白村江之战后的律令国家与东亚

〔日〕中村修也 著

吴明浩 译

社会科学文献出版社
SOCIAL SCIENCES ACADEMIC PRESS (CHINA)

# 目　录

# 前　言

有一句名言叫"历史总是重演"。

特别是战争这种人类史上最愚蠢的行为，一次又一次反复发生，真是可悲的事实。

为何人类总是重复战争这种行为呢？

可以举出如领土扩张、经济发展、民族自尊等各种各样的理由，但如同伴的死亡、国家之间敌对关系的持续、地球环境的破坏等很多负面后果也是不言自明的。如果说是因为掌权者醉心于一时的胜利果实而发动战争的话，那么只能断言人类真是愚蠢的生物。

然而，除了由于统治者个人原因而发生的战争之外，在历次战争中可能也存在某些重大的原因。另外，每次战争在拥有共通之处的同时可能也存在各自独特的缘由。当然，在把过去的战争当作故事来观察之时会发现，大多数情况下不过是因为愚蠢的统治者不能控制自己的情绪而发动了战争。但是，战争不是掌权者一个人能发动的。事实上，也有国民支持掌权者的决断。而国民支持战争的这种社会状况，在历史中当然也是存在的。如果能够明确历次战争中的主要原因，并搞清楚它们与共通性原因之间的关联，那么我们或许能够找出避免战争的方法。可以说历史学的存在正是为了解决这样的问题。

不过，仅做阐明是不行的，还有必要让更多的人了解这些问题。只有人类全体都明白了过去那些战争的缘由和之后的状况，才能开始认识到战争是多么愚蠢的行为。

实际上，历史的共通性和独特性在历史研究中也得以运用。在了解遥远过去的战争的真实状况之时，史料不足的情况十分常见。在这种时候，参照最近相去不远的战争概况来对遥远过去的战争进行研究，是弥补史料不足的方法。不过恐怕这个方法并不适用于所有过去的事物、现象。

但所谓战争，是非常单纯的行为，在打倒对手则获胜、负于对手则败北这样的情景下，战争是一种有效的手段。

日本发动对外战争却遭遇大败的事情，在过去曾有两次。

最近的经历是在第二次世界大战中的战败，而在遥远的过去则有白村江之战。在这两次大战之间，不能忘却的还有蒙古来袭①与丰臣秀吉出兵朝鲜。然而，虽然蒙古来袭是前所未有的国难，但被天气变化这一自然现象所救，且战斗只限于北九州沿岸地区，最终以局部受害而收场。另外，出兵朝鲜则因发生秀吉之死这样意外的事态而中止，撤离朝鲜半岛的日军也未受到朝鲜军、明军追击，②后以外交方式结束战争。虽然对当地的民众和出征的士兵来说是大事件，但对国家层面的影响则止于最小限度。如此断言或许也会有不妥之处，但客观上是可以这样评价的。

而在第二次世界大战中的战败，则正如对现代日本人产生巨大影响一样，是具有整个国家性、世界性影响的战败事件。

日本接受 GHQ（驻日盟军总司令部）的占领统治，并在其指导之下制定日本国宪法；接着缔结了《日美安全保障条约》，结果就是至今在冲绳仍设有美军基地。在社会上，

---

① 指 1274 年和 1281 年元世祖忽必烈联合高丽发动的两次侵日战争，时值日本镰仓幕府时代中期。主要的战斗发生在九州北部地区，皆以元军的失利而告终。自江户时代以来，日本史上一般称之为"元寇来袭"。——译者注

② 此处作者的论述并不完全正确，实际上在据守朝鲜半岛南部的日军受命撤军回国时，以大明水师为主的明、朝联军封锁了驻扎于顺天城的小西行长所部，与前来救援的岛津义弘、立花宗茂等所率日本舰队激战于露梁海峡，击毁日军大半舰船，迫使岛津义弘率残部逃离，但明、朝联军一方也有邓子龙、李舜臣等名将战死。小西行长所部乘机撤至巨济岛，后与撤离的其他各部日军集结于釜山，陆续顺利返回日本国内。除露梁海战失败之外，日本此次撤军行动并未遭遇巨大损失。——译者注

美国的文化也被强势引入日本；政治、经济也都在美国的影响下展开。虽已历经战后七十年，但《日美安全保障条约》依旧，日本也仍处于美国的影响之下。我们现在已经很清楚，国家的战败对那个国家来说究竟能产生怎样的影响。

结合本书所要论述的内容来说，7世纪日本在和邻近的朝鲜三国发生联系的同时，与唐这样的大国爆发战争进而败北的白村江之战，与20世纪席卷了整个亚洲并爆发与美利坚这样的大国的战争而最终战败的第二次世界大战之间，可以看到存在某种共同之处。当然，科技的进步等细节自然是完全不同的。

不过，与大国交战而战败的话，理应不能脱离被对方占领统治这样的战争法则。反而言之也成立，近代日本在甲午中日战争中取胜后，根据《马关条约》，清廷被迫接受了承认朝鲜的独立，割让辽东半岛、台湾和澎湖列岛，并赔偿白银两亿两等条件。然而在日本古代史研究的世界中，完全不存在描述白村江战败之后处于"被占领"状态下的日本的论著。日本虽然战败了，却没有遭到唐军的占领，且与大唐保持了友好的关系并试图通过引入唐朝的律令制而充实国力等观点已是定说。

老实说，这无疑是颠覆了战争常识的看法。这是一种堂而皇之地认为战胜国对战败国没有做出任何要求的观点。但这显然不值得肯定。当然，理论另当别论，若是当真存在如此事实的话，倒也不是什么问题。但上述日本古代史研究的论说并非基于确切事实做出的判断。不得不说其基本上都是从主观地希望当时的历史是怎样的而推导的结论，只是对《日本书纪》中的记载做出了相应的解释罢了。

本书尝试遵从战争的法则对《日本书纪》重新进行解释，看看怎样的历史真相会由此浮出水面。因此，本书将沿着《日本书纪》的时间顺序，描述从日本古代对外战争的白村江之战的前夜开始，经历战败，以及之后天智朝政策的发展，最后直至天智驾崩为止的历史。

另外，虽然一般来说是用"倭国"来表述古代日本的，但"倭国"一语是中国赋予的称呼，并非原本的国名。尽管《日本书纪》等史书中也可见"倭"这样的用语，但这里的训读并非"ワ"①，而是"ヤマト"②。不过，"ヤマト国"所指的领域随着时代不同而有所变化，现阶段仍很难精准地确定其领域。因此在本书中，笼统地表现其领域时使用的是作为后世用语的"日本"。关于"天皇"称号，则遵从一般说法，到天智朝为止为"大王"，天武朝以后则为"天皇"。只是在引用史料时，遵从原文的表记。敬请谅解。

---

① 即"倭"的汉音。——译者注
② 即日语中的"大和"。——译者注

# 凡　例

　　本书中引用的《日本书纪》以小学館『新编日本古典文学全集4　日本書紀③』为底本，（）内的日期为笔者补充。

# 第一章　通向白村江之路

## 风云变幻的东亚

天智大王（668～672年在位）又称中大兄，被认为是舒明大王（629～641年在位）和皇极大王（642～645年在位）所生的王子。

其父舒明大王在天智仅十六岁时便驾崩。因为天智未满二十岁，不符合继任大王的年龄条件，不能继承其父的王位，故而暂时由其母即位为皇极大王。然而在645年，其叔父轻王子发动了"乙巳之变"。其母皇极大王不得不退位，由轻王子即位为孝德大王（645～654在位），开始了所谓的"大化改新"。

如果只是这样按照时间线来追述天智身边的事件，我们只能看到"乙巳之变"是大王家内部的权力斗争。而实际上，其背景是隋（581～618年）、唐（618～907年）和朝鲜三国之间的外交关系所引发的问题。这是隋统一中国，以及其通过册封体制和羁縻政策扩大对周边诸国支配权的路线所带来的影响。

具体来说，高句丽在6世纪末以后成功实现北进，将靺鞨、契丹的一部纳入统治，占领了夫余地区（李仁哲『高句麗による夫余と靺鞨の統合』）。598年，为了夺取归附隋朝的粟末靺鞨和辽海地区的契丹、奚、霫、室韦等诸部族，高句丽的婴阳王（590～618年在位）进军辽西地区（林起煥『国際秩序の変動と隋・唐との戦争』）。

对于作为高句丽西邻的突厥，隋朝试图使其东西分裂以致衰弱。

百济考虑到高句丽与隋唐的这种关系，虽然表面上向隋唐派出使者以示恭顺，实际上抓住这个好时机与高句丽结成同盟，同时出于统一朝鲜半岛南部的计划，开始向伽耶、新罗方面发起军事行动。

位于半岛东南部的新罗被逼入了最严峻的境地，由于自身无力抵抗北方的高句丽和西南方的百济所带来的威胁，只得不断请求唐朝的援军。

隋唐与朝鲜三国的这种动向，并不仅是单纯的外交问题，同时伴随着军事的一面。从某种意义上来说，处于最

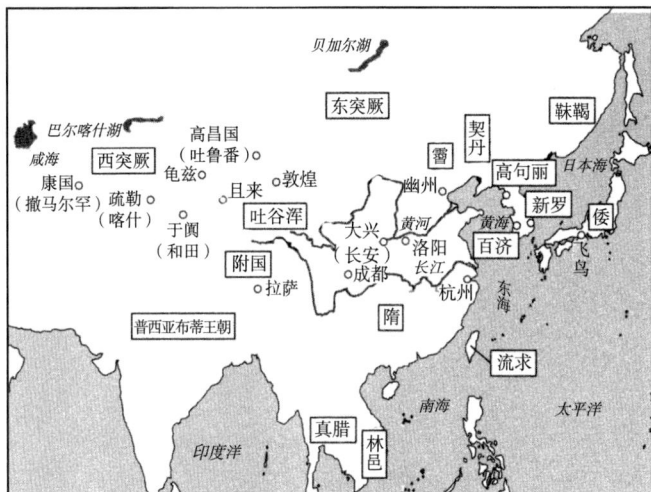

**图 1 - 1　7 世纪初期的东亚世界**

资料来源：根据《新历史群像丛书⑱　大唐帝国》（『新・歴史群像シリーズ⑱　大唐帝国』学習研究社）的原图制成。

严峻境地的新罗统一半岛并将唐朝的势力从半岛驱逐出去的这件事，也是在各国的势力关系达成微妙平衡的基础上实现的。可能因为当时的东北亚处在一个完全无法预估事态发展的混乱状态吧。

从当时统一了中国的隋朝因远征高句丽失败而国力疲敝，从而发生炀帝被杀一事也能看出局势的混乱。即使作为统一国家的隋朝，也并非绝对的存在。而唐朝为了避免重蹈覆辙，依靠律令制加强了国内的统治，然后开始了新的高句丽远征。尽管如此，即使在高句丽的莫离支①渊盖苏文死后，诸子之间爆发内斗的情况下，唐朝的征讨也没有取得成功。以此来看，高句丽的地理形势和军事实力对隋唐来说确实是威胁。

如果不能在上述 6 世纪末以来国际状况的背景下评价 7 世纪日本被唐朝打败的白村江之战，大概就不能对此做出正确的评价。

白村江之战绝不是一次单纯的局部战役，必须被置于唐朝的东北经营和半岛战略中去评价。也就是说，这是标志着百济复兴之梦的破碎、日本败于唐朝和新罗的一场战争。

在审视天智朝的时候，必须从 7 世纪这一时代和东亚这一空间两个方面进行考察。这也是在思考上述的东亚局势时，多数研究者所认同的做法。

## 女帝的世纪

7 世纪的东亚出现了非常有意思的现象。

这是一个属于女帝们的世纪。

在日本，推古（592～628 年在位）、皇极（642～645 年在位）、齐明（655～661 年在位）三朝有两位女

---

① 高句丽后期出现的一种新官职，是一种自设的代替大对卢的最高官职，具有专制臣权为篡夺王位而临时自设的特殊官职性质。——译者注

帝登场;① 在新罗也出现了善德女王（632～647年在位）、真德女王（647～654年在位）；中国唐朝则有建立武周王朝的武则天（690～705年在位）。当然，这三国中女帝们出现的契机并不相同，互相之间看不出有什么联系。各国女帝的出现原因也不一样，甚至尚不明了。

但是，原本并不拥有军事力量的女性却成了大王或者皇帝，这件事本身就是很有意思的现象。虽然想要阐明这种现象发生的原因并不简单，但能够产生这一现象的社会性条件似乎并不那么复杂。恐怕是由于社会上出现了不安定的因素，这种特殊政治形态才得以产生吧。

唐朝的情况大概与日本和新罗的女帝现象有别，因为武则天是代病弱的高宗（649～683年在位）掌权而后即位建立了短暂的周朝。如果高宗是更加强势的皇帝，几乎不会有任何女性成为皇帝的可能性出现。太宗李世民曾向新罗的善德女王提出建议：因为新罗立女性为王，故而被周边诸国所轻视，何不将王位让与自己亲族中的男性。由这件事看来，唐朝认为皇帝之位绝对只能属于男性，武则天的即位称帝只能被视为特例中的特例。

不过，处于东亚极动乱的不安定时代之际，作为专制

---

① 皇极天皇一度禅位于孝德天皇，并在其死后重祚，即齐明天皇。——译者注

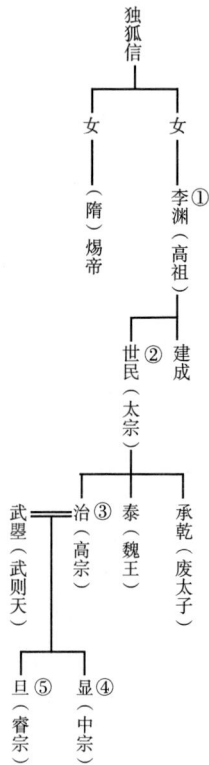

图 1-2　唐朝皇帝系谱

君主的第三代皇帝自身又缺乏决断力，再加上当时唐帝国统治集团的主要成员之间互相牵制，可能因此给女性的得势创造了时机。

　　与之相对，新罗和日本之间则存在共同之处，即贵族、豪族势力强大。两国的王室都强调血统的高贵性，而在现实社会中的势力又没那么庞大，产生了国家方针由贵族、豪族会议共同决定的倾向。故而王位也并非单纯只由先王的儿子继承，相当的年龄和家世成为问题的关键。这样一来，在合适的男子登场之前，就很容易发生由先王的正妻或亲族中的女性登上王位的事情。

善德、真德二位女王正好出现在新罗和百济不得不对决的局势之下，而齐明女王的登场也发生在日本面临援助百济复国军的事态之际。两国的状况如此一致，虽说是偶然，却也是有意思的事情。

齐明女王应百济复国军的救援请求，于齐明七年（661）正月六日由海路出发前往九州。途中发生了一个突发事件：在到达大伯（备前国邑久郡）的海面之时，同行的大海人王子妃太田王女生了一个女儿，根据地名而取名大伯王女。之后在熟田津（今爱媛县松山市）泡温泉时，额田王代齐明女王吟诵了如下这首和歌（《万叶集》卷一第八首），祝福航向博多的海上旅途：

> 夜泊热田津，启航待月升。须臾潮水涌，摇橹赴征程。[1]

---

[1]　凡本书中所引《万叶集》和歌的中文翻译，均出自《万叶集选》（李芒译，人民文学出版社，1998），后文相同情况不再特别加注说明。——译者注

（熟田津に　船乗りせむと　月待てば　潮もかなひぬ　今は漕ぎ出でな）

从《日本书纪》的记载来看，带着孕妇和歌人的齐明女王的这趟船上旅程，完全不能让人感受到军事方面的紧张局势。从以上记述中很难感觉到齐明认识到了与唐罗联军作战的决断到底多么重大。总之，女王一行在同年三月抵达博多的那大津，入住磐濑宫，然后早早地于五月便前往内陆的朝仓橘广庭宫（今博多县朝仓市）。

## 百济灭亡

回头来看，在 645 年打倒苏我氏后即位的孝德大王，以僧旻和高向玄理为智囊，定下了亲唐的路线。僧旻和高向玄理二人亲眼见识过隋朝灭亡和唐朝政策。唐朝从 627 年起，由太宗李世民拉开了贞观之治的序幕，通过整备律令和科举选官，军事、经济都得以充分发展，取得了巨大的成果。眼见这一切的旻和玄理回到了日本。他们这些留学僧、留学生应该会报告唐朝的最新政策。身处大都市长安的旻和玄理，经历了隋朝的盛况和转瞬之间兴起的唐朝，以及唐朝接二连三实施的新政策，眼看着唐朝的势力快速扩张，显然会惊讶于这样的情形并感到畏惧吧。

长安汇集了周边诸国来的人群，他们带来了各种各样的消息。其中有突厥占据了大唐北方和西方的广大地区，给唐朝带来了巨大压力这一情报。从东北方传来的是隋朝以来高句丽的情况。百济和新罗的商人当然也来到了长安，带来了朝鲜三国的局势处在紧张状态的消息。当时的东亚世界暗流涌动，已然到了战争任何时候爆发也不奇怪的程度。

战争首先需要的是资金。为此，必须实行律令制以得到稳定的国家收入。为了征收更多的税，必须增加国民的人口。而为了达到这个目的，必须给国民提供安定的生活。人口的增加可以确保税收和士兵的人数。一直以来以和百济、新罗这些朝鲜半岛诸国的交流为中心的日本，在隋朝成立之后，也开始注意到与中国直接进行交流的重要性。旻等人身处不可计数的各种消息汇成的洪流中，不仅为之震撼，必然也希望尽早回国推进改革以避免日本落于人后。他们即使会产生这样的情绪也并不奇怪。

到底是什么样的方法才能统一如此庞大的中国呢？

军事力量当然很重要。同时，又要用什么方法来统治辽阔的国土和庞大的人口，并且征收赋税使国家富强呢？如果不能学会这些，日本就会错过发展的机会。或许旻等人每天日夜思考着这些问题以致难以入眠吧。

实际上，百济一度放松了警惕。百济确实得到过唐朝的情报，但考虑到唐军的作战对象是高句丽，也就不再担心唐军会进攻百济，对这些消息表现得不屑一顾。百济没有想到新罗会向唐朝献策说"为了成功征讨高句丽，首先有必要灭亡百济以确保补给路线的安全"，而唐朝又接受了这个提议。

然而现实是，唐朝从数次远征高句丽的失败中，开始发现中转地点的必要性和补给路线的重要性。正好此时新罗献策，唐朝理解了其中的道理。这就是百济灭亡的最主要原因吧。唐朝并没有在百济全国进行战争的计划，而是只求取得最低限度的胜利，将百济王俘送长安，得以在百济构筑远征高句丽的最前线据点即可。因此，唐朝保留了百济的各个城池，这就导致了百济复国军的诞生，造成了复杂的局势。

如果孝德朝继续存在，日本会延续亲唐路线而不会与百济的灭亡产生任何联系吧。然而，孝德大王在 654 年过世，齐明女王重登王位。在那六年之后的 660 年即发生了百济亡国之事。关于这件事，拙作《白村江的真相：新罗王金春秋的策略》（『白村江の真実 新羅王·金春秋の策略』）中已有详论，故此不再赘述。一言以蔽之，唐朝响应新罗的请求决定讨伐百济，正是此事最主要的原因。唐朝希望完成征讨高句丽的事业。新罗正是利用了唐朝的野心，用确保补给路线为饵，由此说服唐朝进攻百济。

但是 660 年灭亡的只是百济王室和扶余，而非整个百济国。因此，幸存的百济诸军开始了抵抗运动，同时向日本发出了救援的请求。如果是孝德大王，应该会无视百济复国军的要求吧。但齐明女王答应了这个请求。以中大兄为首的诸豪族自然也不断地争论此事。

当时的状况是，百济复国军的抵抗活动一度占据优势，而唐朝与高句丽仍在战争中，并处于胶着状态，这些应该成了日本朝廷判断的依据。而且，可能考虑到了一旦唐朝独大，在掌控了朝鲜半岛之后，就有可能将注意力转向日本吧。

但不管怎么说，这是以大国唐朝作为对手的对外战争，必须尽可能地搜集情报。如果没有情报，无论外交还是战争都无法展开。

自推古朝以来，日本陆续派出遣隋使、遣唐使，以佛教等文化为媒介，与朝鲜三国也有往来，多多少少构筑了一些人际关系网络。即使是被唐朝扣留的人们，也有掩人耳目的渠道。朝廷应该就是基于这些人物和情报而决定派遣援军的。

齐明女王与中大兄的政府决定支持百济复国军，以滞留在日本的余丰璋为复兴百济的国王，并护送其归国。

## 齐明驾崩

齐明女王为何会离开面向海岸的那大津而移居位于内陆的朝仓，这已然是个谜。在即将越过大海进行对外战争之际，在海岸地区设立军事据点，然后从这里发出指令才是理所当然的吧。在内陆地区设置大本营的话，不仅不便于情报的传达，指挥系统的运作也会很迟钝。这与孝德大王的行动完全相反，后者在定下亲唐路线之际，为了方便接收大陆、半岛传来的情报而迁都难波。

随后，齐明女王尚未做出任何军事上的举动便于齐明七年（661）在朝仓宫驾崩。《日本书纪》记载此事如下：

> 秋七月甲午朔丁巳，天皇崩于朝仓宫。八月甲子朔，皇太子奉从天皇丧，还至磐濑宫。是夕，于朝仓宫山上，有鬼，着大笠，临视丧仪，众皆嗟怪。

现在朝仓市内有被认为是齐明天皇墓的惠苏八幡宫御陵山。如果《日本书纪》记述正确的话，由于中大兄已将齐明的遗体运回磐濑宫，朝仓市内不该有齐明之墓。按道理来说，惠苏八幡宫御陵山应是暂时安置齐明遗体的地方。

　　鬼从朝仓山上窥视磐濑宫的葬礼一事，从距离上来讲是不可能的，这显然是后世的润色。总之，针对齐明派遣援军之事，显然是有反对派存在的。以此用"鬼"的记载来表达即使连鬼神也反对草率地派遣援军，故而意味深长地看着齐明驾崩这种事吧。也可能是后世书纪编修者的创作。

　　不管怎样，齐明的遗体于十月七日从磐濑宫经海路运出，同月二十三日送抵难波，十一月七日被葬在飞鸟川原。然而同年七月，中大兄迁到已更名为长津宫的磐濑宫，执掌"军政"；然后九月授予余丰璋织冠，送其回百济；十二月又听取了高句丽派来的使者所做的汇报。从这些状况来考虑的话，可以认为在所谓齐明下葬的十一月七日，中大兄尚在博多而未返回飞鸟。很难想象在中大兄缺席的情况下举行齐明的葬礼，因此《日本书纪》的这条记载需要检讨。

　　总而言之，齐明只是做出了援助百济复国军的决定，并下令派遣援军而已，在与战斗毫无牵扯之时即已崩逝。如果这是事实的话，此时正是大和朝廷得以重新考量援军派遣之事的机会。然而作为首席后继者的中大兄并没有中止派遣，终究还是投入到了可以被称为东亚大战的战争中。

# 中大兄执政

齐明女王驾崩后、天智即位前，《日本书纪》记载"皇太子素服称制"。在一般说法中，《日本书纪》天智七年（668）正月三日条所记"皇太子即天皇位"被理解为中大兄在七年间一直以未即位的状态掌管国家（称制）。

那么，这里的"称制"究竟指的是什么呢？小学馆的《日本书纪3》的眉批做了如下说明：

> 因传达敕命的文书被称为"制"，所以天子的后继者不举行即位仪式而执掌政务之事被称作"称制"。虽然这里所指是皇太子的称制，但在持统前纪中可见天武天皇于朱鸟元年九月驾崩之后，皇后（即持统天皇）"临朝称制"一事。天智天皇正式即位是在称制七年二月，天武天皇的皇后即位则是在称制四月正月。（后略）

就持统天皇的情况而言，因为由作为女性的皇后执政，所以暂时采取"称制"的形式是说得通的。这是在决定好合适的男性继承者之前的临时性措施。但是，中大兄正是合适的男性继承者，直接即位完全没有问题，采用"称制"这样非正规的形式反而不符合常理。

对于中大兄的"称制"，直木孝次郎表示怀疑。他在《日本的历史2　古代国家的成立》（『日本の歴史2　古代国家の成立』）一书中指出，"如果回到大和，即使再忙于战败后的各种处理事宜，也不至于不能举行即位仪式。我想，天智之所以不即位，显然是有其他决定性的理由"。不过，直木孝次郎是把日本国文学者吉永登所主张的"中大兄 - 间人皇后婚姻说"作为这个所谓决定性的缘由，他认为如果确认是由天智与其同母妹之间这段应该隐匿的婚姻关系所造成的，那么"为何中大兄在长达二十三年间一直只是皇太子身份的这个古代史上的疑问也就可以解开了"（同书第250页）。

吉永登的观点基于一首被认为是孝德大王赠与间人的和歌。


披金戴木鞍，我家育良驹。未曾入世间，谁可得见软。

（金木着け　吾が飼ふ駒は　引き出せず　吾が飼ふ駒を　人見つらむか）


吉永登把这首和歌中的"驹"和"人"分别解释为

间人和中大兄，从而极富想象力地认为孝德嫉妒中大兄和间人的爱情而吟咏了这首和歌。然而，事实上很难把和歌的内容做如此解释，即使如此解释，也难以联想到中大兄和间人的婚姻。和歌只是文学，某种程度上只是语言游戏。既然是文学作品，那么就是以让第三者阅读、品评为前提创作的。其中即使有一些真实的内容，本质上也只是一种创作。

再者，无法想象身处政治立场的中大兄，会因为个人问题或感情因素而做出不即位的决定。考虑到当时成为大王必须得到豪族会议的承认这点，如果中大兄与妹妹间人之间产生恋爱关系的话，既然存在像大海人这样的其他候补者，豪族会议应该会把中大兄排除在候补人选之外，而推举大海人继位为王吧。

## 《日本书纪》的虚言

然而，不管是不是"称制"的形式，如果中大兄政权的延续确是史实的话，也就是说豪族们认可了作为政权继承者的中大兄。这样一来，其实并无"称制"的必要。作为实质上的最高掌权者，如果中大兄得到了豪族们的承认，他理应即位，如《日本书纪》所记述的"称制"是值得怀疑的。

众所周知，《日本书纪》是之后的天武天皇（673～686 年在位）下令编纂的。《日本书纪》的天武十年三月条有如下记载：

丙戌，天皇御于大极殿，以诏川岛皇子、忍壁皇子、广濑王、竹田王、桑田王、三野王、大锦下上毛野君三千、小锦中忌部连首、小锦下阿昙连稻敷、难波连大形、大山上中臣连大岛、大山下平群臣子首，令记定帝纪及上古诸事，大岛、子首亲执笔以录焉。

这里的"帝纪及上古诸事"即被认为是后世的《日本书纪》。在小学馆版《日本书纪3》的眉批上，把"帝纪及上古诸事"解释为"此书于养老四年（720）以《日本书纪》之名撰成进献"。

也就是说，《日本书纪》的记录是按照篡夺了近江朝大权的主导者大海人，亦即天武天皇的意图编纂而成的。笔者曾在《伪造的大化改新》（『偽造の大化改新』）一书中论及这样一种可能性：天武想间接地贬低其兄长天智，于是将中大兄记为"乙巳之变"的主谋者。假如这个推论成立的话，所谓天智"称制"，或许也是为了刻意缩短天智的掌权时间而耍的春秋笔法。

坂本太郎早在《天智纪的史料批判》（「天智紀の史

料批判」）一文中讨论过《日本书纪》中天智纪的记述，并指出：

> 通读天智纪后令人在意的是，这一卷在编修上有很多遗漏欠缺之处，可以看到甚至并非最终定稿般的杜撰之处。因为天智天皇于七年戊辰即位，在那之前只是称制，身份自然只能是皇太子。天智纪在这六年之间的记载中，理应把"天皇"记为"皇太子"，但只有三年二月己卯朔丁亥条"天皇命大皇弟"一句中将其记为天皇。考虑到前后一致的话，这里应该写作"皇太子命大海人皇子"，如果编者大致通读了本纪，对文章稍加推敲的话，绝不可能漏掉这句。

老实说，笔者也不清楚天智纪中到底有哪些编修上的问题。倒不如说，《日本书纪》的各处都可见令人生疑的部分。不能简单地判定是否只有天智纪存在特别多的问题。不论怎样，编纂而成的书籍都反映了编者自身的意向，所记述的未必就是史实。

话说回来，如果"因为天智天皇于七年戊辰即位，在那之前只是称制"这个前提本身有误，即天智早已即位的话，实际上"天皇命大皇弟"这样的表述可能才是唯一符合事实的记录。或许由于天武干涉了天智纪内容的编修，把中大兄的事迹基本上都记成了"皇太子"的事迹，而编者只在一处插入"天皇"这样的表述，可能是为了给后世的历史学家留下线索。

虽然很多研究者已经承认"称制"这点，但这些研究都只是停留在推测的阶段，并没有发现确凿的证据。《日本书纪》中所记载的"称制"成为唯一的论据。假如"称制"是史实，勉强来思考"称制"的理由，首先想到的是地理因素，即可能由于长津宫不在大和国，故而天智不愿在此登基。其次应该考虑到当时正处于对外战争中的紧张时期。同年八月，为了援救百济复国军，阿昙比逻夫连、河边百枝臣、阿倍引田比逻夫臣等将从九州的博多湾出航。可能在如此非常态的情况下天智不便即位。

但是，如果先即位，之后再举行即位仪式，不也是可行的吗？在介入战争之际，国家层面的决断是必不可少的，在这样关键的时期，决策者不该缺席。倒不如说，从上述第二点来看，若没有国家元首，军事指挥系统会不稳定，出于稳定军事指挥的考虑，即使为了一时的便利，中大兄的即位也理应是众望所归的。

在这里想再次强调的是，向朝鲜半岛派遣百济复国救援军的正是中大兄王子。《日本书纪》天智即位前纪的七月条中有如下记载：

**天智天皇的日本**

> 皇太子迁居于长津宫，稍听水表之军政。

从这条记录可知中大兄掌握着军事指挥权。也就是说，在齐明女王驾崩之后，中大兄立刻掌握了军权。紧接着在一个月之后，为了援救百济复国军，阿昙比逻夫连、河边百枝臣、阿倍引田比逻夫臣、物部连熊、守君大石等人遵照中大兄的指示率军出征。这时的中大兄三十六岁，早已是适合即位的年纪。

另一方面，齐明去世时已六十八岁。虽说已是老龄，但与庶民不同，一直是自由自在地成长，身为王室的女性享尽荣耀与富贵。也许齐明的姿容非常娇艳动人。她是舒明的王后，自身又两度成为大王。在回顾母亲这波澜起伏的一生时，想必中大兄会格外感慨吧。他的母亲并非在繁华的飞鸟地区，而是不得不在偏僻的朝仓橘广庭宫迎来人生的最后一刻。也许中大兄会感到很后悔，在开启对唐帝国的战争之际，只是因为身为最高权力者的大王需要祝福出征，而把年迈的老母亲带来九州这种边鄙之地。更何况，在这里连像样的葬礼也无法举行。对母亲的不幸而感到的歉意以及母亲身亡所导致的哀伤，这些情绪或许冲击着中大兄。然而局势不容他懈怠，在他的眼前，是焦急等待着出航指示的将军们。

就当时中大兄与大和朝廷的处境来看，即位仪式并不在其考虑范围内。如果接下来的战争失败，恐怕王室和大和朝廷也将不复存在。虽然对后世的书纪编纂者们来说仪式很重要，但对当时的中大兄等人来说，这却不是要紧的事。齐明驾崩之时，其子中大兄就在身旁，而在以唐、新罗为对手的战争中，又必须有正式的统帅。中大兄的年纪正合适，一直以来又有齐明的支持，把军事指挥权交给他是十分自然的结果，一点也不奇怪。

倒不如说，对即将出征的将军们来说，中大兄比齐明女王更值得信赖。他们一定对于出征后军队的后勤支援、兵器战船的补给和战争期间的计划等事宜有所顾虑。之前不能从女王那里得到答复的事也都可以与中大兄商量。想必当时没有人会认为中大兄只能称制而不可即位吧。

## 日本派遣的救援军

《日本书纪》对日本方面的军事行动有如下记载：

①天智即位前纪（661）八月（组建前将军、后将军所率两支军队及起航一事）：

八月，遣前将军大花下阿昙比逻夫连、小花下河边百枝臣等，后将军大花下阿倍引田比逻夫臣、大山上物部连熊、大山上守君大石等，救于百济。仍送兵仗、五谷。

②天智即位前纪九月（护送余丰璋归国一事）：

皇太子御长津宫，以织冠授于百济王子丰璋。复以多臣蒋敷之妹妻之焉。乃遣大山下狭井连槟榔、小山下秦造田来津率军五千余护送于本乡。于是，丰璋入国之时，福信迎来，稽首奉国朝政，皆悉委焉。

③天智元年（662）正月二十七日（援助箭十万支等物资一事）：

赐百济佐平鬼室福信矢十万支、丝五百斤、棉一千斤、布一千端、苇一千张、稻种三千斛。

④天智元年五月（派出一百七十艘战船组成的船队一事）：

五月，大将军大锦中阿昙比逻夫连等，率船师一百七十艘，送丰璋等于百济国。宣敕，以丰璋等使继其位。又予金策于福信，而抚其背，褒赐爵禄。

⑤天智元年是岁（援助兵甲、船只、军粮一事）：

是岁，为救百济，修缮兵甲，备具船舶，储设军粮。

⑥天智二年（663）三月（组建前将军、中将军、后将军三队共二万七千兵力一事）：

三月，遣前将军上毛野君稚子、间人连大盖，中将军巨势神前臣译语、三轮君根麻吕，后将军阿倍引田臣比逻夫、大宅臣镰柄，率二万七千人打新罗。

⑦天智二年八月十三日（增援健儿一万余一事）：

大日本国之救将庐原君臣，率健儿万余，正当越海而至。

白村江之战爆发于天智二年八月二十七日，史料中可以确认的是在那之前日本有七次输送兵员、武器和军粮的记录。其中，考虑到史料①所述的是前将军、后将军相关事宜，因此可以认为此条史料记录了为百济复国而派出的救援军的全军构成情况。虽然此处并没有关于军队数量上的记载，但据史料④可知船队规模达到一百七十艘。只是，这个数字并不是那么值得信赖的，因为这与天智二年八月二十七日条中所记的唐军于白村江部署"战船一百七十艘"的数字完全相同。如果认为这样的相同情况只是偶然，那么从数字上来说过分一致了。

另外，整合史料②~④的内容来解释的话，似乎余丰璋是由大山下狭井连槟榔和小山下秦造田来津所率的五千兵士护送着回到祖国百济的。这五千士兵应该是从史料①所言的前后两军中经过特别选拔组成的吧。复国军的将军鬼室福信亲自迎接余丰璋，并让他登上百济王的王位。对此，大山下狭井连槟榔和小山下秦造田来津二人大概是接到天智大王的指令，赐予福信金策，并为表慰劳之意，给予作为爵禄的箭十万支、丝五百斤、棉一千斤、布一千段、皮革一千张及稻种三千斛。其中，箭十万支及后续这些物品可能是属于史料⑤中所见兵甲、军粮的一部分。

这样一来，关于具体军队情况的记载也就只有⑥⑦两条史料了。其中史料⑦所记载的"健儿万余"因为是"正当越海而至"的军团，所以可以视作后续部队。如果书纪的记载可信的话，在天智二年八月十三日这一阶段，日军尚未抵达福信占据的州柔城。州柔城，在史料中也被记作"周留城"、"豆陵（良）伊城"、"豆率城"、"支罗城"。它虽然被认为是位于现在韩国忠清南道舒川郡的韩山，但还不能完全确定。同月二十七日的记录写到"日本船师初至者，与大唐船师合战"，这里指的不知是日军的大部队还是后续部队。

　　然后，在同月二十八日决战当天的记载中，有"更率日本乱伍中军之卒"一语，如果史料属实的话，可以认为史料⑥所记的由前、中、后三军构成的二万七千人的军队即日军大部队。也就是说，在白村江之战中，参战的日军由两部分组成，分别是：史料⑥所记载的，派遣于天智二年三月的前将军上毛野君稚子、间人连大盖，中将军巨势神前臣译语、三轮君根麻吕，以及后将军阿倍引田臣比逻夫、大宅臣镰柄所率的二万七千人；以及史料⑦中八月十三日作为后续部队登场的庐原君臣率领的一万余人。总共至少有三万七千余名士兵参加了这场战役。

　　那么，这三万七千余人是否即百济复国救援军的全部兵力了呢？又与史料①中，天智即位前纪（661）八月派遣的阿昙比逻夫连、河边百枝臣等，以及阿倍引田比逻夫臣、物部连熊、守君大石等人的军队有怎样的关系呢？

　　在小学馆出版的《日本书纪3》第257页的眉批上有这样一句简略的注释："即位前纪八月条中有组建前后两军以救援百济的记载，但实际上并未派遣。"同时，很多研究者也无视庐原君臣的一万多兵力，认为日本军由上述史料②中的五千人和史料④中的一百七十艘船以及史料⑥

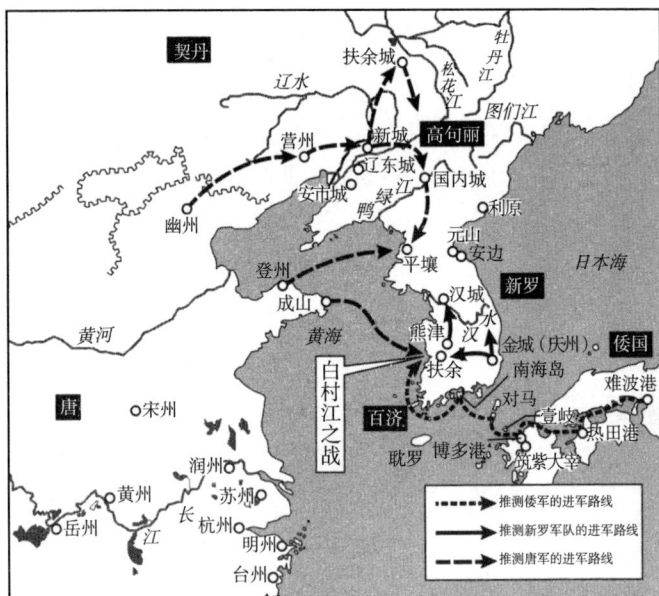

**图 1-3 白村江之战①**

资料来源：根据《新历史群像丛书⑱ 大唐帝国》（『新・歴史群像シリーズ⑱ 大唐帝国』学習研究社）的原图制成。

中的二万七千人组成。例如，井上光贞指出"关于这三次出兵，根据《日本书纪》可知，是由别动队五千人、第一次派遣军的一百七十艘战船和第二次的二万七千人构成的军队"（『大化改新と東アジア』第 161 页）。

另外，铃木靖民也认为"661 年和 663 年，在代替去世的齐明执掌最高指挥权的中大兄（即天智天皇，在 668 年以前未即位、只执政）所建立的临战体制下，为了帮助百济复国而两次组建并派出救援军。然而倭军遭遇大败，对外征战彻底失败"（『東アジアにおける国家形成』第 77 页）。这里所谓的"两次"派出救援军，结合前后文来看，可以认为就是指的史料①与⑥所记载的事情，他果然还是无视了史料⑦中庐原君臣所率的一万多名士兵。

## 第一次派遣军

与上述不同的是，森公章在《白村江之后》（『白村江以後』）一书中特别留意到了庐原君臣的那支军队。森公章认为，史料①和②所记载的是同一时间的事，即第一次派遣军，史料⑥的二万七千人是第二次派遣军，而庐原君臣的一万余人则是第三次派遣军。他在该书第 132 页中写道：

> 在送余丰璋归国之际，狭井连等人率领着包括筑紫地区豪族在内的军队渡海而去，身为筑紫大宰帅的比逻夫也参与了这支军队的募兵工作，并随同渡海。但是，正如"救于百济。仍送兵仗、五谷"所述的那样，这次渡海的目的只是运输救援百济的物资，并护送余丰璋安全归国而已。因此当这项任务完成后，

这支军队便很快返回了日本。也就是说，在我看来，日本在661年4月接到余丰璋的归国请求后，护送余丰璋的军队便于9月渡过了海峡。这就是第一次派遣军。

关于森公章如何看待国家之间的战争，我们不得而知。但不得不表示怀疑的是，派遣这样一支大军只是为了护送任务然后便折返，如此悠哉的事情真的可能吗？再者，森公章以4世纪末5世纪初的高句丽好太王碑上所记载的那个时代的"倭兵"很强悍为例，提出百济在对高句丽作战中利用了"倭"的力量等观点。然而，好太王碑记载的是过去的事，与天智朝没有什么关系。应该说齐明、天智决意与大唐这样的强国和新罗组成的联军作战之时，必须有相当大的决心。战争的目的不是打败唐罗联军，而是通过支援百济复国军复兴百济，使半岛恢复均衡的态势，从而阻止大唐的侵蚀。

反过来说，日本也有假如百济复国失败，不仅半岛，连日本也会陷于大唐的统治之下的觉悟。可以说，如果没有充分的觉悟或成熟的战略，支援百济复国的行动是不可能成功的。史料①中661年的记述，并不能确定实际上发生在何时，但毫无疑问是关于第一次派遣军的事。明明是抱着坚定不移的决心出征的派遣军，却在确认护送丰璋归国的任务完成后便返回日本，这样的事情是无法想象的。倘若护送丰璋是这次出兵的目的，那么只需要最初派遣的那五千护送军就足够了。

此外，谁都没有讨论过史料①中第一次派遣军是在半岛的何处登陆的。如果是日本中世以后的话，从博多港开出的船只经对马岛航至釜山港靠岸。但是，考虑到釜山港所在的庆尚南道当时处于新罗的势力范围，所以这条航线是不可能的。这样一来，乍一看，只能是在作为百济故土的半岛西南端的全罗南道某处了。然而如果是在如此复杂的海岸线停靠大量战船，再从那里经过地理状况不明的陆路前往福信等人所在的熊津，完全是浪费体力，还不如直接乘船行至全罗北道，这个方法更为安全。

再者，我们可以看到，史料②中有"福信迎来"的记载，史料③中可以看到给予福信的赏赐。假如福信前来迎接丰璋这条记载无误的话，那么只能认为，日军船队停靠的地方应该距福信所在的州柔（周留）城不是很远。

在《三国史记·百济本纪》卷6义慈王二十二年条中有这样的记载：

武王从子福信尝将兵，乃与浮屠道琛据周留城叛，迎古王子扶余丰尝质于倭国者，立之为王。

据此可以确定，福信在迎回余丰璋时是以周留城作为据点的。周留城位于半岛中西部的忠清南道。也就是说，日军也可能在忠清南道的海岸上登陆。不过，在《百济本纪》的记载中，虽有"迎"字，但实际上并没有记载福信去港口出迎的事。这与书纪中所谓"福信迎来"有所不同。

然而，对福信而言，丰璋是很重要的人物。无论福信率领的复国军再如何努力，如果没有可以立为王的人物存在，百济的复国仍旧无望。考虑到这一点，福信亲自前去迎接丰璋这一复国军所期待着的重要人物，也就非常有可能了。

认为史料①的"兵仗、五谷"就是史料③的"矢十万支、丝五百斤、棉一千斤、布一千端、苇一千张、稻种三千斛"的话，或许有些勉强，只能认为史料①和④所记载的是相同事件的不同表述罢了。这两条史料有天智即位前纪八月和天智元年五月这样时间上的差异，然而重要的是，都存在"阿昙比逻夫连"这个人名，虽然其位阶不同，但很难认为史料④中出现的"大将军"率领的是其他军团。史料②与④同样都记录了护送丰璋回国之事，天智即位前纪九月和天智元年五月这两个日期不一样，但两则史料中都出现了相同的重要人物，所以应该理解为两条史料所述的是同一件事。同样的，史料⑤的"兵甲、军粮"和史料①的"兵仗、五谷"也可以认为是相对应的。

如果以上思路无误的话，史料①~⑤可说是对护送丰璋、援助武器粮食及派遣救援军这一件事所做的分散性记述。武器、粮食、军队的出发日期和到达日期，以及百济的接收日期等可能会产生时间差，所以各条史料只是分别准确记录了相应的日期。

由此可见，虽然史料①中描述的由前后两军所组成的军队情况不甚明了，但可以得出如下结论。

首先，救援百济的第一次派遣军是由前后两军组成的，出发后在百济故土的忠清南道周留城附近海岸登陆，福信等人前来此处迎接。于是，日军先以五千兵士护送丰璋前往周留城，剩下的二万七千人分别到达后，重新编成前中后三军，开始进攻新罗。也就是说，史料①的百济复国救援军总数应有三万二千人。当然，这完全只是在书纪所载的数字是可信的这一基础之上所做出的假设而已。

## 第二次派遣军

余丰璋对日本军来说也是同样重要的。复国军求之不得的百济王室成员由日本军推戴并护送回国。如此这般具有戏剧性的令人印象深刻的政治行为简直让人难以置信。

考虑到战后的事宜，为了更有效地让百济人了解到日本的帮助，将余丰璋送还无疑是在与百济的外交方面很重要的事项。

因此，在送余丰璋前往周留城时调派了多达五千人的护卫军，这也是出于在周留城加强余丰璋话语权的考虑吧。剩下的二万七千人并非随便投入战斗，而是计划在周留城应战，准备按照相应指示行动，故而驻扎在登岸之处。根据记载，来到百济故土的日本舰船有一百七十余艘，舰船不能放任不管，应该是由兵士交替乘船留守，因此抵达后仍有很多兵士继续待在船上吧。

另一方面，虽然余丰璋接受了恳求归国，但他已经三十年没有回到故国百济了，显然不存在亲近之人，与呼唤自己返回的福信大概也是初次会面吧。想必余丰璋的思维方式已经日本化，也不习惯百济的风俗。对当时的余丰璋来说，毫无疑问可以信赖的绝非福信，而是护送自己的五千日本兵和率领这些兵士的将军们。

如果再进一步揣度此时余丰璋的心理，就可以理解他高昂的情绪了吧。虽说身为百济王子，但在日本也不过是一个异乡人罢了。即使心怀故国，且尝试过养蜂等事，但仅仅靠这些显然无法让他内心得到安慰。而自从孝德朝以来，由大唐而来的消息传达了风云突变的形势，百济和新罗也派遣使者来到大和朝廷。余丰璋心中难免又涌起了对归国的期待。然而，他的父亲义慈王（641～660年在位）和兄弟们都已被俘送至长安。复国军自言势力很强盛，是否果真如此却无从得知。虽然还隐约记得鬼室福信的名字，对其相貌却已没有印象。对当时的余丰璋来说，独自归国真的安全吗？或许倒不如留在日本坐观局势的变化更好吧？最终吹散了余丰璋心中种种不安的，正是多达一百七十余艘的舰船和五千人的兵士。

也许在毫无战斗经验的余丰璋王子看来，能够率领这些军队足以令其心情大好，不仅到此为止的不安都已消散，甚至产生了仿佛已经胜利了的感觉。

据《百济本纪》记载，在那之后，百济复国军发生了内讧。

复国军迎立余丰璋为百济王后意气风发，将唐军的刘仁愿一部包围在泗沘城。为此，大唐方面派出了刘仁轨统率的援军，与新罗军会合，加入了对复国军的战斗。实际上关于此后战斗究竟如何发展，《百济本纪》的记录看上去杂乱无章，让我们不能准确地把握真相。但是，在率军前往救援刘仁轨的金钦到达古泗时，可以看到"福信邀击败之"的局势。

在这里登场的刘仁愿和刘仁轨都是大唐的军人。两人姓氏相同，名字也只有一字之差，所以非常容易混淆。而且，不论是《新唐书》还是《旧唐书》的列传里都只有刘仁轨而无刘仁愿的传记，因此我们并不清楚两人的关系。之后还会出现名为刘德高的人物，情况很是复杂。

《旧唐书》卷84列传34《刘仁轨传》中有如下记载：

> 刘仁轨，汴州尉氏人也。少恭谨好学，遇隋末丧乱，不遑专习，每行坐所在，辄书空地，由是博涉文史。武德初，河南道大使、管国公任瑰将上表论事，仁轨见其起草，因为改定数字。瑰甚异之，遂赤牒补息州参军。稍除陈仓尉。

可知他自年少时起便很好学，四处游学。而且据《新唐书》所载的"少贫贱"来看，刘仁轨出身于贫穷之家。之所以"每行坐所在，辄书空地"，或许正是由于贫困吧。然而，他富有学识，因替管国公任瑰修改奏文而走上了为官的道路。刘仁轨与刘仁愿接触，是很多年之后的事，其时正值663年5月刘仁愿在百济的熊津都督府被百济复国军包围。同样在《旧唐书·刘仁轨传》中记载道：

> 旧将福信率众复叛，立故王子扶余丰为王，引兵围仁愿于府城。诏仁轨检校带方州刺史，代文度统众，便道发新罗兵合势以救仁愿。

从这段史料来看，虽然同为刘姓，但仁愿、仁轨似乎并没有亲戚关系。就大体的印象来说，刘仁愿出身精英家庭，而刘仁轨的出身则比较低，是完全依靠自身实力晋升上来的人物。

虽说百济复国军是以僧人道琛和鬼室福信二人为核心建立的，但接着发生了福信谋杀道琛的事件。当时，史书记载"丰不能制"，即余丰璋无法制止福信的行动。关于这件事，由于复国军以失败告终，日本援军也遭遇战败，所以只残存了片面的史料，因而很难弄清事实真相。

《百济本纪》只是简略地记载"福信杀道琛，并其众"，《新罗本纪》的记载也是如此。当然，因为是被消灭了的复国军内部发生的事件，详情无从得知。倒不如说，如果记录很详细的话反而显得奇怪。只是，尽管产生了内讧，但《新罗本纪》关于福信军的记载中有"招还叛亡，势甚张"之语，可知其势力的强大。

那么，这种状况对日本军来说意味着什么呢？

迎回余丰璋的福信一派统一了复国军的指挥系统，对日本来说倒很可能是意外的好局面。而且，以福信为首的复国军不仅没有被唐罗联军击退，反而展现了几乎压倒对手的强势。这样一来，日本方面既感受到了前来救援的价值，也能够想象得到此后局势发展的光明前景。

然而，内讧并没有就此终结，紧接着发生了余丰璋杀害福信的事件。这件事的详情也同样不甚明了。《百济本纪》中记载"时福信既专权，与扶余丰浸相猜忌"，也就是说，在道琛死后，福信大权在握，导致余丰璋和福信之间互相猜疑。虽然《旧唐书·刘仁轨传》中只有"俄而余丰袭杀福信"的简单记载，但在此之前有"况福信凶暴，残虐过甚，余丰猜惑，外合内离"一语。这里记录的是福信凶暴且残虐，使得余丰璋感到恐惧，这恐怕只是把福信当作强敌的唐朝方面的认识。即使余丰璋对迎回自己的福信心怀疑虑，应该不至于有足够猜疑的理由导致将其杀害。从"外合内离"的记述可以推测，一度苦恼于福信军顽强抵抗的唐军以道琛之死为契机，从外部玩弄巧言蜜语，使余丰璋的心理产生动摇，进而使其困惑并做出失态的举动。

日本派给余丰璋的护卫军显然会把这一状况传达给救援军的本部，进而汇报给位于筑紫前线基地的天智。在当时，为了巩固这个具有优势的现状，按理说会尽可能地请求派遣增援部队吧。因此才有了前文史料⑦所引天智二年八月十三日"救将庐原君臣，率健儿万余"一事。

如此一来，为援助百济复国而从日本派出的援军总数应是二万七千人加五千人再加一万余人，合计多达四万二千余人。这个数字完全是在相信史料记载的基础上，通过对军队编组的合理分析而得出的结果而已，虽然未必是符合史实的数字，但暂时也可以视为大致数据了。

## 白村江之战

如果日本派兵仅仅是为了援救百济复国军的话，实际上在道琛、福信相继遇害之际可能就该撤军了。尽管由日本护送归国的余丰璋成了百济王，但作为复国军核心的二人因内讧而死之后，可以说已经没有了继续在道义上与唐军作战的理由。然而，日本军并没有撤退，反而加入了白村江之战。有必要重新思考造成这种局面的原因。

日本出兵一事，如果只是像《日本书纪》齐明六年（660）十月条所记"扶危继绝，著自恒典"那样，出于所谓信义而发兵的话，在福信死广的阶段，日本军的使命就已经完成了。因为向日本发出援救请求并希望迎回余丰璋为王的不是别人，正是福信。在提出请求的人已经死亡之后，日本已经没有必要担负后续的责任。在向唐朝和新罗传达日本基于长年与百济之间的信义而不得不参战的理由之后，即时撤军才是最佳的行动方案。当然，事后可能会被唐朝方面追究参战的责任而被要求一定的赔偿，但可以避免最糟糕的事态，即全面战争的爆发。

然而，日本为了阻止未来唐朝征服朝鲜半岛后觊觎日本，向百济复国军派出了必然会与唐军正面交锋的援军。

因此，无论是道琛之死还是福信被杀，既然日本军还没有达成最初的目的，就不可能撤兵。显然，对唐朝方面来说，作为领土扩张政策的一环，即使当时日本军表明缘由，也不可能得到宽恕了。

但是，在作为复国军领军人物的福信被刚刚从日本归国的余丰璋杀害之后，福信旗下的军心该有多大的动摇啊。对于自660年百济王家灭亡之后的两年内，一直在福信的麾下同甘共苦参加战斗的百济士兵们来说，可以说只有福信才是真正的大将军，是他们心目中如同"国王"一样的存在。

在以日本兵为后盾的余丰璋杀害拥有如此声望的福信之后，百济复国军的士兵们即使希望复兴百济，想必也失去了单纯追随余丰璋的信念了吧。他们原来大概是希望在大将军福信的麾下，迎回曾留居日本的百济王家的王子为新王，在击退唐罗联军后复兴百济国。然而在福信死后，纵使一直这样下去，实现了百济复国，也只是以日本军为依仗的"百济王"之国罢了。这显然与他们希望的结果背道而驰。可以想象这样的情绪会在百济军中蔓延开来。

结果，余丰璋不得不"又遣使往高丽及倭国请兵"（《旧唐书·刘仁轨传》）。杀害了福信的余丰璋之所以派

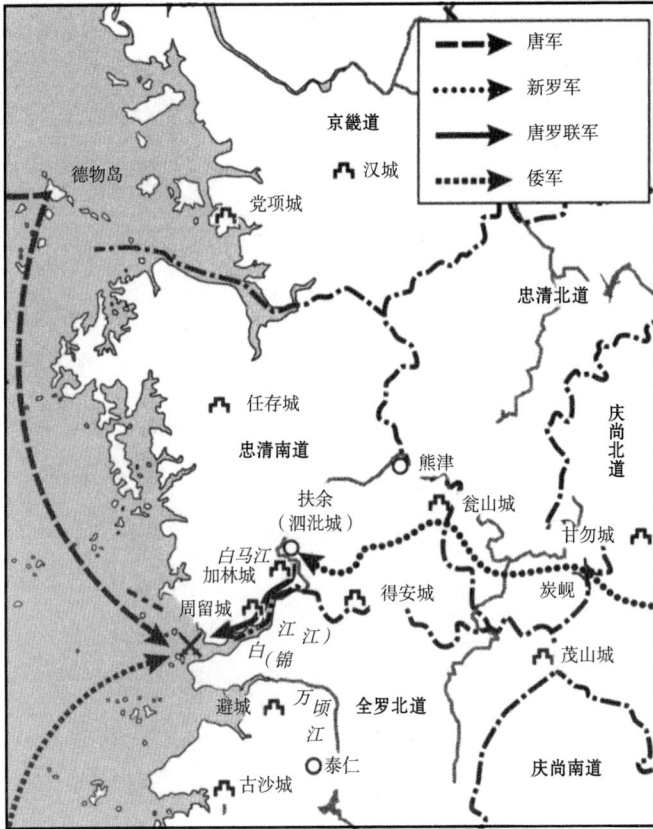

**图1-4　白村江之战②**

资料来源：根据《新历史群像丛书⑱　大唐帝国》（『新・歴史群像シリーズ⑱　大唐帝国』学習研究社）的原图制成。

遣使者向高句丽和日本请求援军，正是因为当时的百济复国军已经处于解体的前夕了吧。如此一来，日本军已不仅仅是援军，而成了对抗唐罗联军的主力。可是，只有三万二千士兵的日本军显然兵力不足。在 660 年灭亡百济王家之时，左卫大将军苏定方率领的唐军有十三万之众，新罗派出的金庾信也统率着五万精兵。可以预想，这一次至少也会有同样规模的大军前来征讨。因此余丰璋的护卫军才非常急迫地向日本方面请求增援部队吧。

**图 1 – 5　韩国吉祥祠里的金庾信像**

**（忠道北道镇川郡镇川邑碧岩里）**

资料来源：根据『新・歴史群像シリーズ⑱　大唐帝国』（学習研究社）的原图制成。

庐原君臣所率的一万余人就是日本派出的增援。尽管余丰璋的护卫军期待着更多的援军，但恐怕对当时的日本来说，这已经是最大数量的增援了吧。

森公章在《白村江之后》一书中认为庐原君臣所率的一万余人即是白村江之战的主力部队：

> 紧接着在 663 年 8 月，后文会详述的成为白村江之战主力的第三次派遣军渡海而来。兵力万余人，虽然比第二次派遣军人数少，但超过了只有数千人规模的第一次派遣军，是多达以万人为单位的出兵。这支第三次派遣军似乎是直接前往百济的，而且从在白村江与唐军交战一事来看，这次出兵的目的正是与自始便留驻百济故国的唐军或从唐朝本土新派来的唐军决战。（第 141 页）

森公章更进一步认为前文所引的史料⑥天智二年（663）三月的二万七千人没有参与白村江之战。其依据是《日本书纪》记录这支军队在进攻新罗。书纪的记载在多大程度上可信是个难以回答的问题，必须考虑到书纪编纂时亡命的百济士人们对原文做了修饰。参与书纪编纂的百济士人们无疑怀着对新罗的憎恨。如果这种情绪在书纪的记载中表现出来的话，那么攻打新罗这种记录很可能也就与事实无关了。因为对百济来说，在唐军到来之前的敌人只有新罗一家而已。

另外，在《日本书纪》关于白村江之战的记述中，有"更率日本乱伍中军之卒，进打大唐坚阵之军"一语。关于这里的"中军"，森公章否定了史料⑥中所言前、中、后三军编组中之中军的观点，他认为：

> 虽然在白村江开战之际，可以看到有为了表现倭军三军编组方式的"中军"一词，但很难找到证据证明这是指 N 的前、中、后军中的中军。（前揭书第146 页）

这里的 N 即是本书中所引的史料⑥天智二年（663）三月的记载。确实正如森公章所言，即使白村江之战中日本军采取了前中后的三军编组方式，也很难断言其中的中军就是史料⑥天智二年（663）三月派出的那二万七千人的中军。但是，在《日本书纪》的其他任何地方，除了史料⑥的时间点之外再不见有关三军编组的记录，这同样也是事实。史书中在完全不记载日本军编组的情况下，突然冒出了含义完全不一样的"中军"难道不是很不自然吗？

而且，如果史料⑥中的二万七千人的军队没有参与白村江之战，那么他们究竟在何处做着何事呢？森公章同样自问道："白村江之战时第二次派遣军到底在何处呢？""不得不说当时倭国的行动有很多不可思议之处"（前揭书第 146 页）。愚蠢到不管身处一旁的作为余丰璋护卫的五千士兵，而只率领后来增援的一万余人与唐朝水军交战的将军显然是不存在的吧。当然，福信被余丰璋杀害之后，日本军不得不顶在最前面。在这个时间点上，可以认为二万七千人的那支军队也汇集到了余丰璋的麾下。

## 战斗的方向

从《日本书纪》天智二年（663）八月条的记载可窥见白村江之战时的情形：

> 戊戌，贼将至于州柔，绕其王城。大唐军将率战船一百七十艘，阵列于白村江。
>
> 戊申，日本船师初至者，与大唐船师合战。日本不利而退，大唐坚阵而守。
>
> 己酉，日本诸将与百济王不观气象，而相谓之曰，我等争先，彼应自退。更率日本乱伍中军之卒，进打大唐坚阵之军。大唐便自左右夹船绕战，须臾之际，官军败绩。赴水溺死者众。船舳不得回旋。朴市

田来津仰天而誓，切齿而嗔，杀数十人，于焉战死。

是时，百济王丰璋与数人乘船，逃去高丽。


据此可知，八月十七日唐军战船一百七十艘在白村江列阵。当时无论从陆地还是从海上应该都可以眺望得到。如果这个记载无误的话，可知唐军与日本军的战船并非偶然遭遇而发生战斗的。我曾在上一本书中，因受《刘仁轨传》中"遇"字的影响而认为"刘仁轨军驶入白村江时意外与日本军遭遇"（『白村江の真実 新羅王·金春秋の策略』第216页），或许应该加以订正。

前些日子，笔者曾到访锦江（原白村江）河口处。在近处有座小山丘，从那里望去可以把河口尽收眼底。虽说河面较宽，但如果大唐与日本双方的战船在此混战，这里依然显得太狭窄了。可以推测，当时日本的战船会被陆地方向射来的箭雨所覆盖，即使亡命游到岸边也会被枪矛刺中或被俘虏。

接下来需要注意的是二十七日的记载中"初至"的日本战船与唐军战船交战一事。这是最先抵达白村江的一支日本船队面对已经列阵白村江的唐军战船而发起的前哨战吧。倘若果真如此的话，日本军是在没有作战计划的情况下突然攻击对手而遭遇了失败。

然而，从翌日召开了很敷衍的作战会议这点来看，二十七日的前哨战似乎只是一次试探或侦察敌情罢了。"日本诸将与百济王不观气象"这条记载很重要，可见百济复国军的诸将没有参与。《百济本纪》也记述刘仁轨军"遇倭人白江口，四战皆克"，可知与唐军交战的只是日本军。《旧唐书·刘仁轨传》也记载"仁轨遇倭兵于白江之口"，即唐朝水军的交战对手只有日本军。这些史料中都不见百济复国军的参战记载。

从这件事也可以看出，余丰璋杀害福信之后，与其说是百济复国战争，不如说已开始呈现日本军与唐军对战的态势。当然，在其他城池，可能仍然有复国军在孤军奋战，但百济王余丰璋的身边已不存在重要的百济将士。

关于这一点，让我们看一下《新罗本纪》的记载：

> 诏遣右威卫将军孙仁师，率兵四十万，至德物岛，就熊津府城。王领金庾信等二十八（一云三十）将军与之合，攻豆陵（一作良）尹城、周留城等诸城，皆下之，扶余丰脱身走。

可知孙仁师所率的四十万大军与新罗军二十八将加入了战斗。即使这个数字并非实数而有些夸大其词，毫无疑问唐罗联军也是支规模相当庞大的军队。无论如何，森公章所言的一万余日本军是难以阻挡的。在日本军扶立余丰璋为王、决心与唐罗联军战斗到底的时候，应该说日本军是在发起总体战。虽然确切数字不明，但认为日本军把四万二千人全部投入白村江之战是很自然的吧。

然而寡不敌众，只有对方十分之一的战力是不可能胜利的。[①] 结果仅仅经过两天的战斗，日本军便全军覆没。

关于战斗结束后的情形，据《新罗本纪》第六所载，同年十月二十一日新罗军进攻占据任存城（今忠清南道礼山郡大兴面）的百济复国军却未能破城，第二年三月复国军残党坚守泗沘山城（今忠清南道扶余郡扶余邑）顽抗，但被大唐熊津都督府（今忠清南道公州郡公州邑）出兵攻破，这宣告了旧百济军抵抗的终结。

日本的士兵从各地聚集、为了救援百济复国军而随船队渡过玄界滩[②]到达朝鲜半岛。当然这也是为了达成日本

---

① 关于白村江之战中双方军队的规模，根据不同史料得出的结论有所不同。首先，据《资治通鉴》卷200高宗显庆五年三月辛亥条，远征百济并使其灭亡的"神丘道行军"有十万人，虽然《三国史记》卷28百济义慈王二十年条记为十三万，但两者所载相差不大。而在百济亡国后，唐军大部已经撤离，最终由刘仁轨统率的驻留唐军必然只是其中极少部分，以至于在百济复国军兴起后，需要向朝廷请求增兵。其次，实际上奉命领军增援的孙仁师所率部队的规模远没有本书作者所引《新罗本纪》中记载的四十万之多，据新旧唐书的《东夷传》可知，应刘仁轨所请，孙仁师受命率领新征集的七千余兵力渡海前往百济。也就是说，在白村江之战前夕，唐军在百济的军事力量恐怕不过万余人而已。——译者注
② 指日本九州福冈县西北方的海域，以其冬季猛烈的风浪而闻名。——译者注

自身的目的。他们中的很多人都是初次踏上半岛的土地，可能也是初次经历海战。或许其中有不少人心中都抱着为何要来到遥远的异国与唐军作战这样的疑惑吧。

　　在这些日本的士兵面对四十万之众的唐军时，他们又在想些什么呢？

　　想必他们连产生"这真是一场愚蠢的战争啊"之类的想法都来不及，就在"须臾之际"成为大海的碎屑而消失了吧。虽说这早已是过去的事，但想到这些的时候，就无法把战争仅仅当作历史的一个瞬间而置之脑后。

# 第二章　白村江的战败处置

## 从百济撤退

已无从准确地知道在白村江之战中到底有多少日本人阵亡。《旧唐书·刘仁轨传》中记载"海水皆赤，贼众大溃"，如果这接近事实的话，可以视为日本军全军覆没、生还者寥寥无几。

《日本书纪》天智二年（663）九月甲戌（二十四日）有船队从半岛而来的记载：

> 日本船师及佐平余自信、达率木素贵子、谷那晋首、忆礼福留并国民等，至于枳礼城。明日，发船始向日本。

从这条记录来看，运载船只应该是日本船。从佐平余自信、达率木素贵子、谷那晋首、忆礼福留等官职和人名可以清楚地判断出他们是百济人。接下来，所谓"国民"指的是哪国之民呢？在岩波书店出版的《日本书纪（下）》（日本古典文学大系 68，后文简称为岩波版）中，此条史料的眉批上写道："书中可见，四年二月条为四百余人，五年是冬条为二千余人，八年是岁条为七百余人，在续纪、姓氏录中也可见关于这些人的子孙的记载。另外，分别在天武十三年十二月条、持统四年十月条和十年四月条，以及续纪中的庆云四年五月条这几处史料中有当时日本军被俘者归国的记载。"（第 360 页）小学馆出版的《日本书纪3》的眉批中也有几乎同样的文字。虽然并没有写明是百济人抑或日本人，不过从当时的状况来看，这里的"国民"似乎可以认为是故百济国的人民。

如果上述史料中的"国民"确是百济遗民的话，那么当时故百济国的贵族和百姓曾搭乘日本的船队前来日本投靠。原文中的"佐平余自信、达率木素贵子、谷那晋首、忆礼福留并国民等"只能做如此解释了。但是，这里也存在不自然之处。仔细审读原文的话，"日本船师及佐平余自信"中的日本船师与佐平余自信之后的部分是以"及"字相接，即表示并列的关系。也就是说，即使日本军残存无几，但他们也成功同百济复国军的数名将领及故百济国难民们一起回到了日本。虽然他们的目的地只

**天智天皇的日本**

笼统记作"日本"，但考虑到当时的情形，只能认为是当初的出发地那津。以天智为首的日本统治集团正在那津宫等待着他们的到来吧。

显然他们随后便会详细诉说战败的经过。

他们驾船离开半岛的天智二年九月，正是复国军余部在故百济国各地积极地尝试抵抗唐罗联军之时。可能他们是在这些战斗的掩护下乘机逃出半岛前往日本的吧。

然而，逃到日本的人中并没有当初派往半岛的那十位日本将领的名字。从之后《日本书纪》的记载中只能看见前将军间人连大盖和守君大石二人出现。如此看来，只能认为其他八位将军都已在白村江之战或其他的战斗中阵亡了。既然在归国的日本船队的领导者中不见日本人的名字，只是记为"日本船师"，可以推测当时日本一方并无有名有姓的将士生还。如果将军们中有谁幸存的话，理应是由他率领归国的船队，也应该在归国后留有一些记录吧。

从完全不见这些相关记载这点看来，想必日本军是遭遇到了毁灭性的打击。天智等人在筑紫那津宫的大本营所见到的，大概是满身疮痍的日本士兵和无法隐藏胆怯神色的百济众人吧。可以想象当时别说询问胜败详情，就算是想找出能够汇报战况的人都要费一番周折吧。

实际上这件事的意义要比想象中更大。因为这意味着对日本方面来说，至此已没有能够与外国军队交战的兵力了。

森公章认为"在白村江战败后，倭国有被唐罗联军进攻的威胁，首要任务就是整顿防卫体系"（「朝鮮三国の動乱と倭国」）。但对失去武力的战败国来说，必须要做的事不是防卫，而是外交。战败国领导者们所追求的是如何通过战后处置赢得对本国有利的局面。

这样想来，一直以来认为日本企图修建朝鲜式山城来抵御唐军的说法并不能成立吧。在没有最关键的兵力可用的情况下，建造防卫设施对于国防来说没有任何意义，反而表示接下来将继续战斗之意，只会刺激唐罗联军罢了。钟江宏之认为"倭国生怕来自大陆的追击，于是在筑紫修建了大宰府并以此为据点展开防御阵线"（『全集　日本の歴史　第 3 巻　律令国家と万葉びと』第 77 页）。然而，所谓防御阵线，是战斗中的军队所组织的。为何唐朝或新罗要等待日本建好大宰府城之后才来进攻？如果日本想要尝试在本土舍身决战、不惜把日本化为一片焦土的话，那另当别论，但从之后日本的行动来看，并未出现这样鲁莽的抗战论调。一般来说，害怕遭到追击的话，会尽可能迅速地向对方传达投降的意思，凡事都表示恭顺的态度吧。

在日本举全军之力参与战争却战败的情况下，所谓

"防卫线"的观点并不能成立。

倘若不能以此为前提，就不可能正确认识白村江战败后的日本。

# 冠位二十六阶制

《日本书纪》在上述从百济撤退的事件后，接着记载了天智三年（664）二月九日制定二十六阶冠位一事：

> 三年春二月己卯朔丁亥，天皇命大皇弟，宣增换冠位阶名及氏上、民部、家部等事。其冠有廿六阶。

这与撤退事件的时间差大约有五个月。无法想象这期间没有任何值得记录的事情。按理说，天智等政府首脑们应该会根据随撤退船队归国的人们带回的情报，尽快商讨今后的对策。

当然，以天智为首的统治集团不得不在九州的那津着手实施对策。虽然《日本书纪》的记载似乎给人一种天智等人已经回到大和的印象，但从现实情况来考虑的话，这显然是不可能的。既然大本营已设立在那津宫，必然会在那里处理战败事宜，做好应对之后可能会来日的唐朝、新罗使节的措施。而且，假如天智等人返回大和，万一遭遇唐军使节带领大军前来日本的情况，就得面临把唐军引入日本内地的局面了。应该说，天智等人会尽可能地把唐军留在筑紫的博多湾才是。

仓本一宏认为在天智三年，"对倭国的人们来说，（当时）还不是战后，而是身处不知何时才会结束的战争期间"（『戦争の日本史2　壬申の乱』第10页），他进一步指出，"为了应对这一非常时刻，中大兄皇子和他的幕僚们刻不容缓地一步步强化战时体制。在天智三年（664）二月颁布了所谓的'甲子之宣'，进行冠位制度的改革和对氏族的统制"（前揭书第10页）。

然而，所谓战时体制，应该是在齐明七年（661）七月齐明女王死后、随着中大兄立刻迁居长津宫执掌军政时就已经开始了，战败之后才去巩固战时体制这个说法于理不合。而且，很难理解设立冠位二十六阶这件事于战时体制而言又有怎样的意义。如果是为了改变政府统治集团的人员构成、选择对战后外交有帮助的官员而进行的人事变更，倒是可以理解其意义。显然有必要说明冠位制度的变革到底具有哪些好处。

关于二十六阶制，虽然市大树在最近的研究中指出"大化五年（649）对冠位十九阶中的七阶以下进行细分一事，可以认为是为了应对中下级官人人数增加而采取的措施"（『大化改新と改革の実像』），但对此又该如何理解呢？自天智朝开始以来，没有比与大唐、新罗交战更重要的事了，又是什么原因导致中下级官僚大量增加呢？倒不如说是因为主要的军事氏族大多在白村江之战中战死，故而出现官员数量不足的状态吧。另外在《近江令》制定以前出现"官人"这样的用语本身就显得有些奇怪。

佐藤长门则对冠位二十六阶制做出如下解释："在一直以来代表群臣位阶等级的花冠四阶的基础上增加锦冠六阶，使官员们更容易得到晋升，从而缓和他们不平的情绪。冠位二十六阶制正是出于这样的意图而修订的"（『日本古代王権の構造と展開』）第 194 页）。他还指出，紫冠以上实际上是空置的，并推测"恐怕天智一方面通过在花冠四阶基础上增加锦冠六阶来收买群臣的忠心，而另一方面又以空置紫冠以上位阶的方式来压制他们的话语权，从而试图构建以大王为核心的王权秩序"（前揭书第196 页）。

实际上，很难认为天智在战败的善后事宜迫在眉睫之时会实施这样的政策。这不是可以像对待其他一般人事一样无视大战惨败的时候。当时的状况是日本对于唐军可能随时突然对身为战败国的日本提出未知要求感到不安。大唐有可能提出的最苛刻的条件是要求日本完全归附，可能至少也会因追究战争责任而废黜大王一家。也有可能如百济那样，主要的王室成员都被押送到长安。不管是怎样的结果，天智等人一定是在战战兢兢中度日吧。

在这样的非常时期，无法想象天智会制定收买豪族忠心、构建王权秩序的政策。而之所以上述这些观点层出不穷，正是因为在截至目前的日本古代史研究中，一直未能正视"战败"这个事实吧。不得不说，诸如尽管日本战败了，但仍然在强化抵抗唐军的防卫体制，或是大唐友好地对待了日本等这些有利于日本的正面解释中都存在陷阱。

纵然存在很多与白村江之战毫无瓜葛的畿内豪族，在齐明和天智离开大和导致大王如此长时间不在畿内的情况下，就算他们没有感到任何不安，反而渲泻自身不满情绪，但这也只是极少数派，识时务的其他豪族恐怕根本不会将其放在眼里。

就算失去的并非自己的家人，人们也足以体会那些有父亲、丈夫、儿子未能从异国土地归来的人的心情。对于历史学家来说，更应该感受到那大约四万个家庭中弥漫的悲痛气氛吧。

另外，也很难认为二十六阶冠位是在那津宫制定的。

为什么这么说呢？因为无论是确认冠位和氏族，还是设置民部、家部，这些都是主要有关于畿内豪族的政策。不可能对畿内豪族的意见不闻不问而直接在那津宫颁行这些政策吧？何况政策颁布的对象也并不在那津宫中。

如此看来，这应该是朝廷回返大和后做的事。也就是说，如果这一系列的政策果真被实施了的话，也不该是天智三年，而应该是更加之后的事情吧。

# 郭务悰赴日

在关于冠位二十六阶制的记载之后，很快就能看到有名为郭务悰的唐朝官员赴日的记录：

> 夏五月戊申朔甲子（十七日），百济镇将刘仁愿，遣朝散大夫郭务悰等，进表函与献物。……
>
> 冬十月乙亥朔（一日），宣发遣郭务悰等敕。是日，中臣内臣，遣沙门智祥赐物于郭务悰。戊寅（四日），飨赐郭务悰等。……
>
> 十二月甲戌朔乙酉（十二日），郭务悰等罢归。

据《日本书纪》所载，朝散大夫郭务悰奉百济镇将刘仁愿之命，于天智三年（664）五月十七日赴日，同年十二月十二日归国，在日本大约滞留了七个月。

换一个视角来看，在天智二年八月二十八日白村江之战后，过了八个半月，作为战胜国的唐朝才终于派出了使节。为何唐朝没有在战后立即遣使来日，提出作为战胜国的要求呢？这期间，留驻故百济国的唐军究竟在忙些什么呢？

据《新罗本纪》的记载，新罗军从文武王三年（663）十月二十一日起开始进攻据守任存城的迟受信，但这次进攻以失败告终。第二年二月，在刘仁愿的主持下，新罗王之弟金仁问和新罗将军伊飡天存与原百济王子扶余隆在熊津会盟。接着在同年三月，盘踞在泗沘城的百济国残余反抗势力终于被熊津都督府的唐军击破，百济复国军至此烟消云散。

由于代表熊津都督府的刘仁愿同年七月尚在攻取高句丽的突沙城，不在百济，可以说那段时间唐军正忙于对高句丽的军事行动。而实际上唐朝原本的目的也是征讨高句丽。因此，唐高宗的注意力一直放在高句丽上，百济的灭亡和与日本军的战斗，从某种意义上来说，不过是半路的插曲罢了。但既然已经胜利了，那么大唐必然会施行羁縻政策，把周边地区和国家纳入自己的支配之下。

这里所说的羁縻政策，是指中国对周边地区和国家实施间接统治的策略。唐朝给予当地的首领大唐的官制名号；而作为承认他们自治的交换，在其国内设置都护府，以建立大唐的军事统治。借用中国史学者栗原益男的话来说：

君臣秩序的具体化，有领域化（内地化）、羁縻、册封这几种形式，而所谓朝贡可被看作一种追求向心力的关系。领域化是指在当地设置如内地州县那样的正州县，以隋唐王朝的官员作为管理民众的行政长官，把那里的住民与正州县的百姓一样纳入隋唐王朝的国法之下；羁縻是指设置相对于正州县而言的羁縻府（都督府）州县，虽然当地的民族首领或有势力的人由隋唐王朝任命为统治长官，在官制上被包含在隋唐王朝的地方官序列之中，但少数民族的社会现状仍然得到认可，他们在此基础上接受隋唐王朝的管辖；而册封是指授予其他民族或国家的首领官爵，将其纳入隋唐王朝的官爵制度。因此，在融入隋唐王朝的支配秩序方面，领域化是最强有力的，册封最弱，而羁縻则位于两者之间，在这些措施的最外围存在朝贡这样的关系。（「七、八世紀の東アジア世界」）

可以推测，郭务悰正是为了实行以上政策而被派遣到日本的使者。

关于郭务悰，岩波版《日本书纪（下）》的眉批解说道："在海外史料中并不见有关此人的记载，大概是从百济派来的唐朝官员。四年九月、八年是岁、十年十一月各条和《海外国记》一书均记录此人作为唐朝使节赴日。"（第361页）

池内宏在《满鲜史研究　上世　第二册》（『満鮮史研究　上世　第二冊』）中指出：

> 作为百济镇将刘仁愿的使者赴日的郭务悰，在书纪第二年的记载中被注为"百济将军朝（散）大夫（上）柱国郭务悰"，因此可知其为熊津都督府内身带唐朝官职的百济人。（第 196 页）

这里实际上存在错误。在池内宏所言的《日本书纪》第二年的记载中，实为"右戎卫郎将上柱国百济祢军、朝散大夫上柱国郭务悰"二人。郭务悰的官职应为"朝散大夫上柱国"。而"百济将军"是"百济祢军"之误。"百济祢军"是百济官员，其墓志近年被发现。葛继勇在《东亚局势中祢军的活动与为官经历》（「東アジア情勢における祢軍の活動と官歴」）一文中指出：

> 祢军在显庆五年（660）八月降唐之前，任职于百济佐平，投降后被任命为右武卫泸川府折冲都尉，并返回百济故地。麟德元年（664）二月之后，被授予左戎卫郎将一职。随后，在与新罗会盟于熊津就利山之前，扶余隆被任命为熊津都督，其时，祢军受命兼任熊津都督府司马。而他成为右领军卫中郎将兼检

校熊津都督府司马是在文武王十二年（672）九月被新罗送回唐朝之后的事，然后在同年十一月，即其弟祢寔进的入葬之日，晋升为右戚卫将军。

据此可知，虽然祢军是百济人，却在降唐后追随大唐、以唐朝官员的身份活跃着。另外，葛继勇指出，《日本书纪》记载中的"右戎卫郎将"可能是"左戎卫郎将"之误。

可以说，除了祢军之外，还有很多身为百济人却在降唐后成为唐朝官员的百济人。百济王子扶余隆也因唐朝对故百济国统治的需要而回到百济，成为熊津都督。考虑到这种情况，虽然我们在前文中否定了池内宏的说法，但确实不能完全抹去郭务悰亦是这类百济人中之一员的可能性。

## 《海外国记》的记载

接下来，让我们来看看记载了天智三年之事的《善邻国宝记》中所引的《海外国记》一文的记述：

《海外国记》曰：天智天皇三年四月，大唐客来朝。大使朝散大夫上柱国郭务悰等卅人，百济佐平祢军等百余人，到对马岛。遣大山中采女通信侣、僧智弁等来唤客于别馆，于是智弁问曰：有表书并献物以不？使人答曰：有将军牒书一函并献物。乃授牒书一函于智弁等而奉上，但献物检看而不将也。九月，大山中津守连吉祥、大乙中伊岐史博德、僧智弁等称筑紫大宰辞，实是敕旨，告客等：今见客等来状者，非是天子使人，百济镇将私使，亦复所赍文牒送上执事私辞，是以使人得入国，书亦不上朝廷。故客等自事者，略以言辞奏上耳。十二月，博德授客等牒书一函，函上著镇西将军、日本镇西筑紫大将军牒在百济国大唐行军总管，使人朝散大夫郭务悰等至，披览来牒，寻省意趣，既非天子使，又无天子书，唯是总管使，乃为执事牒，牒是私意，唯须口奏，人非公使，不令入京。

内容解释如下：首先，天智天皇三年四月，作为大唐使节的郭务悰和祢军等人经对马来到日本。与此相对，日本于九月派出了采女通信侣、僧智弁等人为接应使。郭务悰等人向僧智弁递交了一函牒书与"献物"。然而智弁等认为郭务悰等人并非大唐皇帝的使节，而只是熊津都督府将军的私人使者，因此没有允许郭务悰等人入京，也没有上奏牒书。进而在十二月，伊吉史博德给郭务悰带来了日本镇西筑紫大将军写给大唐行军总管的牒书，传达了既然郭务悰等人并非皇帝的使节，故而日本方面亦没有大王的回信，也不允许他们入京的意思。

在《本朝（日本）书籍目录》（成书于 13 世纪末）中可以看到"海外国记　四十卷　天平五年春文撰"一语，但现在该书已经散逸。只有《善邻国宝记》和《释日本纪》中能见到一点逸文。上面这段逸文，残存于室町时代临济宗僧人瑞溪周凤于文明二年（1470）所撰的《善邻国宝记》之中。

因为铃木靖民在《百济救援之役后的日唐交涉》（「百済救援の役後の日唐交渉」）一文中对《海外国记》已有详细的研究，所以这里将基于此文来探讨《海外国记》的可信度。首先，铃木靖民指出了《海外国记》中存在的三个问题。

第一点是，文中使用了"镇西将军"或"日本镇西筑紫大将军"之类"镇西"的称号。"镇西"之称首见于《续日本书纪》天平十五年十二月辛卯（二十六日）条，基本上可以认为是天平时期的用语。第二点是，文中盛行"牒"这种文书形式。"牒"是《公式令》所规定的文书形式，可以认为这同样也是借用了后世的用语。第三点是，文中称郭务悰为"执事"。《日本书纪》中"执事"一词只限于钦明纪中出现，《续日本纪》中也只能见到"新罗执事"这样的用例。因此铃木靖民指出"执事"

"特指从朝鲜而来的使节或官人，可能也是《日本书纪》编纂以后使用的用语"。

参考铃木靖民的这些意见，不得不认为《海外国记》是经过后世相当程度的润色后形成的史料。然而，铃木靖民自身又做出如下总结：

> 我认为并不能说这篇文章全部都是后人所作或改编的，关于把唐朝使节留在大宰府并要求其回国这件事的大概经过，即使是后来在天智朝时期记录的基础上做了一番粉饰，应该也展现了接近史实的情况。

也就是说，铃木靖民在对《海外国记》做了仔细检讨后，指出了其问题点，认为文中的叙事可能被添加了一些修饰，不过最终还是推测这篇文章展现了近于史实的情况。这样的见解给人奇怪的印象。倒不如说，在筑紫拒绝了唐朝使节这种行为，是把战败的日本放在了大唐地位之上的一种观点。虽然《海外国记》中应该是有原始史料的部分，但正是基于日本立场来考虑的这部分记述才应该特别注意。因为文化或者思想才是容易反映后世影响的部分。

关于天智三年唐朝使节赴日一事，铃木靖民主张，"毫无疑问，唐朝使节为了扭转百济之役后两国外交断绝的状态，树立以大唐百济镇将的军政统治为中心的占领政策，而首先赴日请求和亲"。铃木靖民的这种观点直到今天仍被继承下来。熊谷公男在《日本的历史 第 3 卷 从大王到天皇》（『日本の歴史 第 3 卷 大王から天皇へ』）一书中即指出：

> 在熊津会盟之后，刘仁愿派遣百济人郭务悰前往倭国以图修好。倭国虽然在筑紫隆重地招待了他们，但并未放松警惕，而是以郭务悰等人只是百济镇将的私人使者，并非天子的使节为由，没有接受他们带来的文书，也未允许其进入京城。（第 309 页）

这同样是出于自上而下的目光来看待唐朝的历史观所做出的叙述。

本来按道理说，战胜国理应对战败国提出领土或赔款的要求，不可能以低姿态去请求"和亲"或"修好"，只能是单方面提出要求。松田好弘指出，在东亚的动乱之中，"很难认为只有日本可以独自超然地进行战后处理事宜。如果割离与直接行使武力的战争之间的联系，政治史就无法成立了"（「天智朝の外交について─壬申の乱との関連をめぐって」）。这一点很重要。把白村江战败从现实背景中摘出，而只是论述日本国内政治的这种做法很缺乏实际性。

# 熊津都督府

虽然尚不明了派遣郭务悰的到底是谁，但唐朝将军领兵驻扎在百济一事已基本没有疑义了。唐朝在显庆五年（660）灭亡百济之际，在百济设置了五都督府以推行羁縻政策。据《旧唐书》卷 199 上列传 149 上《东夷传·百济》，"命右卫郎将王文度为熊津都督，总兵以镇之"，可知初代熊津都督是王文度，接着有"带方州刺史刘仁轨代文度统众"一语，所以似乎很快就由刘仁轨取代王文度担任了第二任熊津都督。《百济本纪》中也有"文度，济海卒，以刘仁轨代之"一语，记载了刘仁轨代替王文度成为熊津都督府的统领者。

然而在《旧唐书》同传的龙朔二年（662，天智元年）七月条中，有如下记述：

> 百济诸城皆复归顺。孙仁师与刘仁愿等振旅而还。诏刘仁轨代仁愿率兵镇守。乃授扶余隆熊津都督，遣还本国。

据此条史料，可知刘仁愿与孙仁师一同归国，刘仁轨代替刘仁愿成为镇守总管的地位。只是，无从得知镇守总管的地位是否等同于熊津都督。从文中的后半部分可推断，扶余隆被任命为新的熊津都督，并被派往百济故国。接着同书同传麟德二年（665）八月条记载"隆到熊津城"，据此可知扶余隆实际于麟德二年八月就任熊津都督。

如此一来，可以认为从龙朔二年（662）七月到麟德二年（665）八月之间，并不存在正式的熊津都督，刘仁轨是以镇守总管的地位统率熊津都督府的。也就是说，天智三年（664）五月十七日郭务悰被派往日本一事应该被理解为是出于刘仁轨而非刘仁愿的命令。《资治通鉴》卷201唐纪17高宗麟德元年（664）冬十月庚辰条中可见"检校熊津都督刘仁轨"一语。所谓"检校"，是统管各组织的职名，故而这一时期刘仁轨有统领熊津都督府的资格。而且，刘仁轨本人也是在白村江之战中与日本水军激战并取得压倒性胜利的英雄。

无法想象作为战败国的日本，面对奉在实战中击败日本军的名将之命前来日本的郭务悰等人，会采取轻率的处理态度。刘仁轨通过郭务悰向天智朝递送了表函和赠品。所谓表函，是指装着上奏文的盒子。但是，可以认为这实际上并非上奏文，而是对日本提出要求的命令文书。

百济五都督府的人事无疑是由高宗决定的。由于作为战胜国的大唐不可能向身为战败国的日本"进呈"上奏文或"献物"，所以推测这实际上应是"下赐"。再者，刘仁轨送予日本文书物品肯定得到了高宗的授意，难以想象唐朝方面能够允许这样的东西被对方以"私人""私信"为由拒绝。虽然不能确知"表函"的内容，但可以认为，其中很有可能写着为了接下来的羁縻政策而应做的准备，以及为此而必须将日本政权纳入熊津都督府的指挥之下等事。也就是说，写明了之后的羁縻政策由刘仁轨执行，而实际操作交给郭务悰代其进行，因而要求日本政府遵从郭务悰等人的安排。

新藏正道在《白村江之战后的天智朝外交》（「白村江の戦後の天智朝の外交」）一文中有如下论述：

> 至少在这次唐朝使节来日之时，日本是不可能拥有与唐朝进行对等外交的志向的。之所以这么说，是因为当时距日本在白村江大败于唐罗联军尚未满一年，毫无疑问战败事宜的处理对日本朝廷来说绝非易事。因此我认为，这次日本方面的应对措施并非由于产生了针对唐朝的对等意识，而是因为当时正处于日本对外危机意识高涨的时期，倘若是唐朝本土而来的使节，需要商讨是否允许其入京，即使不是本土而来的使节，也不可能轻率地让其进京，这是以慎重外交作为背景而做出的决定。

**天智天皇的日本**

日本对唐朝的战后意识应该正如其所言。战败国并没有与战胜国保持对等意识的理由。但是，在当时的情况下，面对尽管不是从长安而是从前线基地前来的使节，日本也不可能拒绝吧。对刘仁轨方面来说，接下来还有征高句丽之战，在意识上仍然处于战争状态。如果其使节没有被接受，一般而言接下来就会派遣大军了。无法想象天智等人毫无这种战时意识。

天智等人从前文所述的归国人群那里，必然听闻了唐军的规模有多么庞大。日本抱着一丝希望出兵却落得凄惨的下场。他们必须挺住这样沉重的打击，赶紧思考到底该如何应对唐朝的来使。不管怎样，如果给唐朝首次派遣赴日的使节留下坏印象，对日本的未来只会有害无益，必须避免这一点。因此，日本不可能对郭务悰做出以其是"私使"为由而不接受表函这样失礼至极的事情。倘若郭务悰是心胸狭窄之人，只因被得罪一些，也可能会无止境地扩大唐朝的要求。天智等人不得不慎重考虑，到底郭务悰是怎样的人、应对到何种程度才好、怎样的应对才能给使节团留下好印象之类的问题吧。

故而，郭务悰之所以最终没有前往大和"入京"，或许是因为当时日本政府就在那津宫，而正式的外交活动也是在那津宫进行的。可以认为，在编写《海外国记》的天平时期，以奈良时代的国际意识对此事做了重新解释，把在那津宫所做的外交事宜曲解成了"不许其入京"。因此，可以认为实际上"表函"也被送交天智阅览，只有这样理解才真正抓住了整件事的核心。

## 郭务悰滞留日本的目的

郭务悰于天智三年（664）五月前往日本，十二月归国。这约七个月间，他到底在日本做了些什么呢？关于郭务悰来日的目的，松田好弘有如下论述：

> 唐朝为了孤立高句丽，有必要确保占领百济国故地，因此也加强了对日本的警惕。所以郭务悰身负的使命是通过要求与日本修好，以切断其对百济的"影响"。（前揭论文）

确实正如松田好弘所言，当时唐朝主要关注的是征讨高句丽一事。但是，对于实际在白村江之战中战胜日本军的刘仁轨来说，他心里很清楚日本的主力军已在白村江被摧毁。从唐军在白村江俘获了相当数量的日本人并押送长安这点来看，刘仁轨必然也从他们那里得到了日本军的情报。也就是说，可以认为刘仁轨应该很了解日本已不可能对百济复国军和高句丽做出任何军事干预。

在郭务悰抵日五个月后的十月一日，中臣内臣和沙门智祥给郭务悰带来了礼物。中臣内臣即是中臣镰足①。至于沙门智祥，因在其他地方并无记载，故而不清楚他到底是怎样的人物。不过，在《海外国记》中可以看到津守连吉祥、伊岐连博德与僧智弁曾于九月一同拜访郭务悰。或许，《日本书纪》中的"沙门智祥"与《海外国记》中的"僧智弁"是同一个人吧。中臣镰足曾在南渊请安②的私塾受教，可能通晓汉语，但为了确保外交中语言表达的正确性，仍然需要精通汉语和朝鲜语的翻译，因此由"沙门智祥"来担当此任吧。虽然"智祥"一名看上去是智弁的"智"字和吉祥的"祥"字的结合，但作为僧人的名字没有什么不自然之处，所以暂且放下以上的臆测。

在《海外国记》中登场的伊岐连博德，于齐明五年

---

① 孝德天皇在位时推进大化改新的中心人物，后又作为天智天皇的心腹而活跃于政坛，临终前被授予作为冠位中最高阶的大织冠，并被赐姓藤原，成为日本历史上最大氏族"藤原氏"的始祖，故又史称藤原镰足。——译者注

② 日本飞鸟时代著名的学问僧，出身于被称为南渊汉人的汉系渡来人氏族。608 年随同遣隋使小野妹子前往隋朝，在中国留学三十二年，亲身经历了隋朝的灭亡与唐朝的建立，640 年与高向玄理一同归国后开设私塾，教授隋唐的先进知识，对大化改新有很大影响。——译者注

（659）加入遣唐使团西渡大唐，但由于百济之战而被扣留在长安，直到齐明七年五月才经耽罗返回日本。博德应该能用汉语进行普通的交流。之后的天智六年（667）十一月，博德担任了礼送来日的熊津都督府熊山县令上柱国司马法聪一行归国的负责人，可见他在天智朝作为处理外交事务的一员而受到重用。

《日本书纪》中引用过他所写的名为《伊吉连博德书》的报告书。关于《伊吉连博德书》，坂本太郎认为"伊吉连是从天武十二年开始使用的新姓，在那之前一直是伊吉史。如果该文是天武十二年以后所写，那想必并非正式的报告书，而是因别的目的而作。进而，可以认为这篇文章是为编修书纪所撰写的材料"（『日本書紀と伊吉連博德』第310页）。这点非常重要。从这里可以确认天武朝以后齐明纪、天智纪的记述被加工修改过。

天智三年十月四日，为了招待郭务悰等大唐使节而举行了宴会。关于此事只有很简单的记载，详细情况不得而知。可以认为这是标志着郭务悰等人与日本方面的商谈告一段落的宴会。《日本书纪》没有明确记录郭务悰等人的具体人数，但据《海外国记》记载，大使朝散大夫上柱国郭务悰带来了三十人，伴随百济人佐平祢军的有百余人。其中具体人员构成并不清楚，可能只是普通唐人三十名和百济人百余名。这些人应该是在这次赴日后便留在日本执行公务了。

关于郭务悰赴日一事，田村圆澄在《东亚之中的日本古代史》（『東アジアのなかの日本古代史』）一书中写道：

> 从《日本书纪》的相关记载来看，并不能知晓前来倭国的郭务悰的使命及其要务。但是，在白村江战败之后，对于初次来访倭国的大唐使节，中大兄政权想必非常震惊且充满警戒之心。然而，郭务悰并非大唐高宗皇帝的使节，而是奉百济镇将刘仁愿之命而来，因此，他不是就与大唐交战一事问责且要求战争赔款的使者，倭国方面也就安心了吧。（第197页）

《日本书纪》为何不写郭务悰赴日的目的呢？虽然首先存在这个问题，但难道不会是因为编修书纪时就不想写明此事吗？那么，进一步考虑这个不想被记入的内容究竟是什么的话，可以认为正是田村圆澄所否定的战争问责及赔款要求等事宜吧。

正如本书后面所要论述的那样，战胜国遣使前往战败国的首要理由是要求签订降服文书，以及提出与此相关的种种条件，即问责和赔款的要求。除此之外，很难想象郭务悰赴日还有其他什么重要目的。

# 防人、烽燧的配置与水城的筑造

关于郭务悰归国后留在日本的同行者所发挥的作用，能够提供参考的材料有天智三年（664）是岁条的以下记述：

> 是岁，于对马岛、壹岐岛、筑紫国等，置防与烽。又于筑紫筑大堤贮水，名曰水城。

首先，大和朝廷在对马、壹岐和筑紫等地配置防人、设立烽火台。一直以来的观点都认为白村江战败后，日本倾力于本土防卫，所以这条史料也被理解为日本出于防御的需要而设置的。例如西谷正认为：

> 以白村江战败为契机而进行城郭筑造，像这样关于设置防卫设施的一系列记载，正说明了向百济派出援军并接收不少百济流亡者的日本视唐罗联军为假想敌，防备对方袭击日本本土。（「朝鲜式山城」）

这种观点在日本古代史研究中是普遍看法。再举一例，仓住靖彦也认为：

在当时的状况下，可以预想到唐罗联军可能会乘胜而来进攻我国，这和之前以出兵半岛为中心的局势全然不同，针对这点紧急整备、强化本土防御一事迫在眉睫。（中略）第二年即天智三年在对马、壹岐两岛以及筑紫国配置防人与烽火台以应对眼前的危机，又在筑紫建造大堤贮水，并名之为水城。可以说这些措施正是天智朝为了防卫唐罗联军而实施的政策。

（「天智四年の築城に関する若干の検討」）

由于《日本书纪》中的记载让人读起来就是这样的意思，所以以上这种理解成为一般性的解释也在情理之中。但这里存在逻辑上的问题。倘若尚在战争之前倒还说得过去，但明明已是在战败确凿无疑之后，又出于什么原因设置烽火台呢？相较之下，在战前或最迟在战争中，为了便于前线与大本营的联系而设置烽燧才是有效的。然而，在唐朝使节已经为了处理战后事宜而来到日本的情况下，将这些措施理解为出于"防卫"目的未免太牵强了。而且，从这之后唐朝使节依旧来访日本一事来看，烽火台并没有对所谓防卫有任何帮助。如果烽火台真的被使用了，也只能认为它是用作消息的传达、联络。

也就是说，可以认为烽火台是为了唐朝使节抵日之际的准备接待事宜而建造的方便事先接收消息的设施。那么，对此有需求的并非日本方面，而是唐朝方面。这一点从烽火台设置的地区即可看出。如果是为了防卫需要而设置，就不该是在对马、壹岐、筑紫，而应该是建在长门、吉备、难波这些濑户内与大和的消息中转站。然而，这次设立的烽火台体系却位于筑紫→壹岐→对马→朝鲜半岛南端这样从日本到大唐羁縻统治下的百济国故地之间的联络通道上。

关于"烽"，在泷川政次郎《古代烽燧考》（「上代烽燧考」1，『史學雜誌』61－10，1952 年）的基础上，佐藤信指出"日本古代的烽制，是引入中国国家主导下的烽制的产物"（「古代国家と烽」）。因此可以认为，这时期的所谓"烽"，正是作为大唐通信体系的烽制由郭务悰引入日本的最初事例。

前文说到郭务悰赴日之时所带来的三十名唐人和百余名百济人被留在了日本，这样做实际上正是为了设置烽火台和担任"防"的职责。可以认为，其中三十人主要负责烽火台等设施的设计，另外百余人作为兵士在建设现场工作，并承担起警卫的任务。发表了《防人考》（「防人考」）一文的岸俊男推测，"作为派遣军主力的西国兵大多在天智二年白村江大败中战死或成为俘虏，如此事态给予了西国沉重的打击，想要恢复元气不会是件容易的事"（第 314 页）。倘若的确如此，认为"防"也并非由日本所派，而是由郭务悰所带来的兵士们分担，这样的看法也就不算牵强了。

也就是说，把设置于对马岛、壹岐岛、筑紫国的"防与烽"理解成作为此后熊津都督府与日本筑紫之间往来所需的联络点而由郭务悰主持设立的，显然是很自然的认识。

接下来关于水城，在小学馆版《日本书纪3》第266页的眉批中有这样的说明："这是为了保卫大宰府而在其西北筑造的堤坝，位于今福冈县太宰府市、大野城市和春日市。"然而，这是一段有疑义的解释。大宰府在天智四年时并不存在。仓住靖彦认为"筑紫大宰府是作为伴随着净御原令的制定而实施的大宰府制的其中一环而建立的"（「大宰府成立までの経過と背景」）。也就是说，筑紫大宰府是天武朝时的产物，在天智朝时并不存在。当然，可能有一些作为大宰府前身的设施，而在郭务悰这样的外国使节抵日之际也需要能够提供住宿的场所，或许这样的设施在当时被称为"筑紫大宰"。但那应该是在面向海岸之地，筑紫大宰也被认为原本位于那津。

针对水城是为了防卫需要而建的主流说法，北条秀树也提出了自己的疑问。他指出"所谓保卫大宰府便意味着放弃作为其外侧的博多湾一侧，即放弃一直以来对朝鲜政策最前线的地区，因此无疑是很矛盾的措施"（「初期

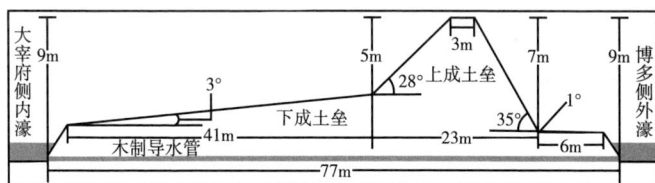

**图 2－1　水城土垒现况断面示意图**

资料来源：太宰府市教育委员会。

大宰府军制と防人」)。继而他认为，这并不是短期内可以完成的建筑工事，而是即将到来的律令制支配时代下全新的国内统治政策的实施和据点经营等计划的产物。在这一点上，仓住靖彦也有同样的看法，他在前揭论文中写道："这是为了应对战后新的国际关系，而以一直作为最前线的筑紫为中心来制定的国防战略吧"。

仓住靖彦和北条秀树两位都认为大宰府出现在天武朝以后，很难想象天智朝时水城的筑造是出于大宰府的防御需要，这是值得肯定的意见。但是，他们把后世大宰府的作用套用在对水城的解释上，且并没有回答为何在天智三年建设水城这个问题。所谓着眼于今后的长期性国防政策，只是以大宰府为中心出发的认识罢了。

如果防与烽都是熊津都督府为了便于联络而设置的设施，那么水城也理所当然必须沿着这个思路来解释。关于水城的筑造，其东门位于大野城一侧，西门位于小水城一侧，整体上东西横贯福冈市，呈现将福冈市分为南北两个部分的态势，由高七米的土垒和护城河、木制导水管构成。也就是说，水城具有防堤的功能。具有如此高度且将所在地区隔断为南北两部的水城完全可以被认为是郭务悰等人于筑紫进行羁縻政策的准备工作期间修建的具有一定防御作用的设施。日本派出的援救百济复国军的远征部队，大多是从九州地区征发的兵士。从国家层面来考虑，驻屯在筑紫的唐人不正是参与出兵百济的九州地区的家族、亲族的敌人吗？未必不会有九州南部的豪族受个人感情上的影响而进攻筑紫的情况发生。这对于正在那津宫进行战后交涉的天智等人来说，无疑是非常糟糕的事态。因此，可以认为他们出于权宜之计，以堵塞丘陵峡谷的形式建造了水城。

## 刘德高访日

在《日本书纪》关于筑造烽火台、水城等的记载之后，可见刘德高访日的记录。天智四年（665）九月至十二月间，刘德高滞留日本。

> 秋八月，遣达率答㶱春初，筑城于长门国，遣达率忆礼福留、达率四比福夫筑紫国，筑大野及椽二

城。耽罗遣使来朝。

九月庚午朔壬辰，唐国遣朝散大夫沂州司马上柱国刘德高等。（等谓右戎卫郎将上柱国百济祢军、朝散大夫柱国郭务悰，凡二百五十四人。七月廿八日，至于对马。九月廿日，至于筑紫。廿二日，进表函焉。）（中略）

十一月己巳朔辛巳，飨赐刘德高等。十二月戊戌朔辛亥，赐物于刘德高等。

是月，刘德高等罢归。

天智四年九月二十三日，刘德高自大唐来到日本。作为上一次唐朝使节访日的延续，这一次郭务悰也同行而来。他们在日本滞留不到三个月后回国。史料内容的记述形式与郭务悰初次赴日时的情况几乎相同。据史料中的注可知，刘德高等人经对马抵达筑紫，这次来日路线与天智三年是岁条记载的烽火台设置路径刚好相反。

一直以来的解释是，在前一年郭务悰以私使的身份被礼送回国后，这次刘德高则是以正式的使者身份受到欢迎。研究中国史的著名学者堀敏一也认为"第二年，唐朝向日本派出了刘德高。这大概是由于前一年日本把郭务悰视作私使，或者可能是日本在与郭务悰的交涉中邀请唐朝派出正式的国使"（『東アジアのなかの古代日本』第 182 页）。

关于刘德高由大唐赴日一事，从《日本书纪》白雉五年（654）二月条的"定惠，以乙丑年付刘德高等船归"（伊吉博德言）这一记录也可以得到确认。按照一般观点，刘德高作为正式的大唐使节理应可以入京，表函也应由日本政府受领。然而，史料中却不见刘德高入京的记载。

也就是说，只能认为即使刘德高是正式的使节，外交活动也是在那津宫进行的。既然天智等人就在那津宫，这便是理所当然的事。《日本书纪》各处的记载却指出天智当时正在大和朝廷所在的飞鸟。例如天智四年三月一日条有为了供奉二月过世的间人大后①而使三百三十人出家为僧的记录。这里的主语自然是指天智。出家一事是在大和进行的，因而天智当时也是在飞鸟，像这样的记述多处可见。

但是，在完全不知战败后溃散的日本兵何时能够归国，而熊津都督府和大唐本土派出的使节又频繁前来的局势下，作为日本国最高责任者的天智大王离开筑紫待在遥远的飞鸟，这实在于理不合。天智为了能够继续保住大王的位置，也必须留在筑紫那津宫作为日本的代表接待大唐

①　即间人皇女，孝德大王的王后，其父为舒明大王，其母为皇极（齐明）女王。天智是其兄。——译者注

使节。而且，一旦返回飞鸟，恐怕会被大和的豪族们追究战败的责任。在大和的那些豪族之中，有些人想必并未感受到白村江战败到底是多大的事情，何况就算理解情况，乘机攻击政敌的弱点也是政治上的常事，而白村江之战的失败无疑是颠覆齐明、天智母子政权的好机会，肯定有人会持这样的想法。

这是身在筑紫的天智与位于大和的豪族们之间的立场差异。

而这样的差异正是反天智派的形成与壬申之乱爆发的原因。关于这一点笔者打算另找机会详论。

# 第三章　筑造朝鲜式山城

## 大野城

上一章论及在刘德高赴日的前一年，日本配置了防人和烽火台，并建造了水城。另外必须注意到的是，就在其抵日之前的八月，书纪中记载的在长门国和筑紫国分别建城一事。当时，在筑紫国建造了大野城和基肄（椽）城。关于这两座城，西谷正认为：

从大野城和基肄城的特点来看，可见如后文所述，山城的城墙、城门和城内的建筑等构造形式与古代朝鲜特别是百济的山城有不少共通之处。根据文献史料中所记载的从百济而来的亡命贵族参与筑城之事，以及存在可以印证此事的被命名为百济式山城的考古资料来看，大野城和基肆城正可作为典型的事例而被称为朝鲜式山城。（「朝鲜式山城」）

西谷正认为，相比于称之为朝鲜式山城，更应该称其为百济式山城。这点暂且不提，负责筑造这些朝鲜式山城的责任人分别是：

长门国山城——答㶱春初

筑紫国大野城——忆礼福留

筑紫国基肆城——四比福夫

据说三人都是故百济国的官僚。西谷正之所以认为这些城应该被称为"百济式山城"，正是因为这三人都是百济人吧。虽然这些人是建设现场的监督官而非设计者，但不管怎样这些城也确实是百济式的山城。

大野城是座怎样的城呢？据《太宰府市史 考古资料编》（『太宰府市史 考古資料編』）的记录：

大野城建于大宰府政厅背后标高410米的四王寺山上。四王寺山的北侧有个大山谷，被尾根线所环绕，呈马蹄形状。从四王寺山向西南方向延伸的丘陵一直与水城相连，构成了防御从博多湾方向而来的进攻的防线。（第408页）

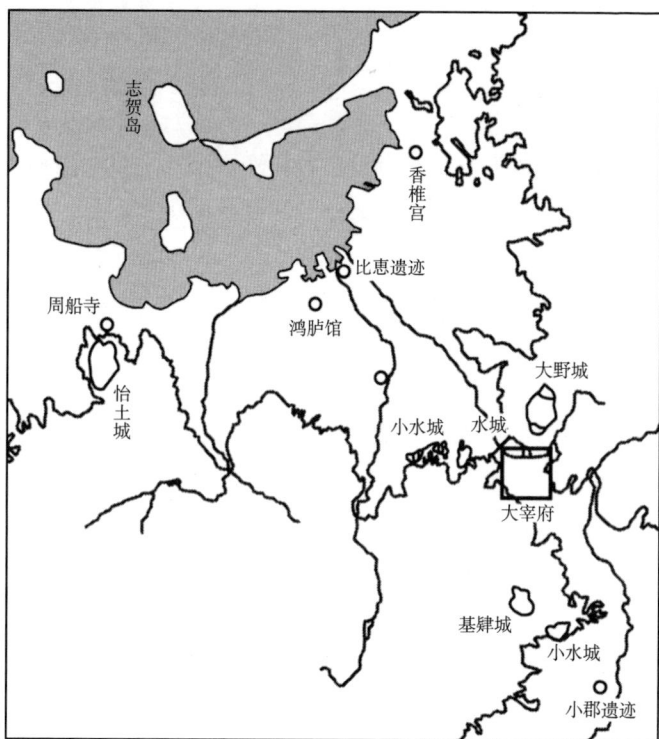

**图 3 - 1　大宰府遗址周边地图**

资料来源：据田村圆澄所编《古代考论　大宰府》（『古代を考える　大宰府』）中仓住靖彦所著《大宰府的成立》（「大宰府の成立」）一文中的原图改制而成。

大野城是典型的朝鲜式山城，建造年代也被《日本书纪》明确记载，所以下面我们根据《太宰府市史　考古资料编》的记录来比较详细地看看它的构造。基本上，虽然城池的外郭部分由土垒围成，但这也是利用自然地形沿着尾根筑造的。已经确认通往城内的出入口在南侧有三处，在北侧有一处。城内的建筑物配置在尾根的平坦地区。关于建筑物的营建时间，《太宰府市史 孝古资料编》认为："在从最下层挖出的立柱式建筑的柱穴中找到了轩丸瓦，这成了推断时代的线索。这个轩丸瓦的样式是单瓣八瓣莲花纹，可以窥见古老的制作手法的特征，从时代上来说，可视为不晚于 7 世纪后半叶的产物，这与《日本书纪》中记载的 665 年筑城一事没有太大矛盾。"（第 429～430 页）

基于这些考古学上的发现，我们得以确认大野城的筑造始于天智朝，在当时完成了一定程度的内部构造。因此，可以说《日本书纪》的记载本身并非虚构，而是记录了实情。

像这样的朝鲜式山城之后继续修建，在对这些朝鲜式山城的理解方面，笹山晴生的见解很有普遍性：

> 与大野城和基肄城同样，鞠智城也是 7 世纪后半期的朝鲜式山城，都是防备唐朝和新罗进攻日本的防御设施。其中位于最南边的鞠智城恐怕是为了防备从有明海沿岸而来的进攻而建造的。但是，鞠智城同时也是通向九州中部、南部的交通要冲上的城堡，特别

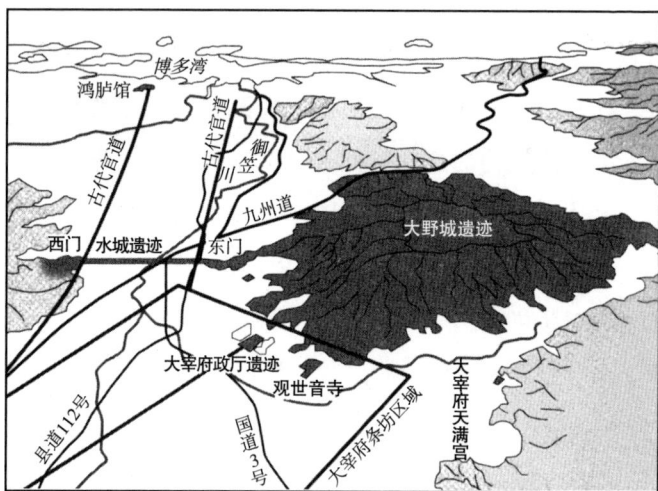

图 3 - 2  大野城周边地图

是 8 世纪之后更成了肥后国的政治、军事中心，担负
着向九州南部地区扩展律令制统治的重任。可以认为
这正是鞠智城的存在贯穿 8 世纪至 9 世纪且作为军事
设施持续发挥作用的缘由。(『古代山城鞠智城を考
える』第 12～14 页)

然而，正如前文在论及水城时批判北条秀树的观点一
样，关于大野城和基肄城的情况也同样可以如此再考。大
野城位于从博多湾到内陆部的入口处，在这样的位置建造
作为防御性设施的山城，究竟具有怎样的效果呢？倘若真

心要修建防御设施，应该是像后世蒙古来袭时那样沿海岸线设置土垒才对。因此，也存在一种观点认为大野城等新修城池与其说是防御，倒不如说是为了逃命而建的城。不过，这种解释作为筑城的理由是说不通的。逃入这些城堡之后又该采取怎样的策略呢？又会产生这样显而易见的问题。而且，如果侵入日本的唐罗联军对这些收纳溃散军民的小城弃之不顾，直接进军大和地区的话，不就丧失了筑城的意义吗？

日本既然已经战败，恐怕也正在向大唐表示恭顺吧。

九州是距离半岛、大陆最近的地区，无法想象从大唐、新罗而来的征讨军会特意绕道意图平定九州全岛，兵锋直指大和才符合常理。他们征讨百济时也并没有把周边的城池都当作对手，而是直接进攻公州，进而攻陷熊津城。即使大野城是从天智四年开始修筑的，但作为防御设施而言，想要完成坚固的山城无疑需要相当长的时日，在这期间，唐罗联军完全可以无视尚在建设中的大野城，而经濑户内直指大和。这种情况下，筑紫地区的人们即使逃入大野城也没有任何意义，如果说日本因此派遣百济人建造山城实在于理不合。

不知一直以来坚持这类观点的学者们是如何考虑这一点的。

倒不如说更应该关注的问题是，该如何解释百济人在日本建设山城这件事。

如果是日本为了防御而建的城堡，那么为何不是日本人成为筑城的中心人物呢？

即使需要引入百济的筑城技术，那么以那些百济人作为设计和施工现场的辅助监督即可，作为核心的现场监督官还是由日本人出任才更符合常理吧。更何况，既然是日本的城池，出于保密的需要也没有交予外国人负责的道理。

那么，能够在当时命令百济人修建山城的究竟是谁呢？

除了唐王朝或者作为其在朝鲜半岛的派出机构的熊津都督府之外，很难想象还能有谁。

《日本书纪》中有答㶱春初等人修造诸城一事的记述，人们之所以会把下达命令的主体理解为大和朝廷，恐怕是因为后世的润色吧。

那么，唐朝又为何要筑造大野城和基肄城呢？有意思的是，前文提到笹山晴生认为鞠智城是"担负着向九州南部地区扩展律令制统治的重任"，恐怕大野城和基肄城的建造也出于类似的目的。大唐作为战胜国，为了推进对日本的支配，同样需要设置如百济都督府一样的机构。像这样的据点，或是保护此据点的设施无疑是不可或缺的，因此才有大野城和基肄城。

也就是说，大野城并不是为了防御从北边而来的唐军，而是考虑到九州豪族势力从南边攻击的危险，出于保护预备驻屯于筑紫的唐军的目的而修建的要塞，同时也是为了此后将羁縻统治政策推及九州全岛而设置的据点，这样的看法可能更加合情合理。

## 建设朝鲜式山城的目的

日本的研究者们迟迟未能跳出筑造朝鲜式山城的目的是防御唐罗联军的思维定式。不过，也存在否定这些山城具有实际防御能力的意见。例如出宫德尚认为：

> 古代山城为何建造得特别巨大，且采用单郭式①这种纯粹防御性构造呢？（中略）虽然大野城拥有城门设计，姑且可以说具有防御前方的作用，但除此之外的山城大多是单郭式，敌军一旦突破外围防御就能一口气攻入城内，是非常脆弱的构造。（「古代山城再考」）

出宫德尚指出了所有朝鲜式山城防御机能的脆弱性。

---

① 只在山顶上建设主城郭的山城样式。——译者注

接着，他认为虽然中国的城郭坚固、"具有完备的展开防御战的性能"，但这样的城郭筑造技术在传入日本后丧失了大半的防御机能。在此基础上，出宫德尚进一步指出，大野城和位于冈山县总社市的鬼之城"不论是城门还是城壁构造，都采用了上述城郭设计，很难看出来有试图积极迎击外敌的意思"。

很难想象山城或城郭在遇到任何情况时都不能有效防御外敌这样的事情。尽管如此，大野城和鬼之城的防御设施确实很脆弱。显然在这里产生了城郭这种形态与现实效能之间的矛盾。那么，必须思考为何会出现这种矛盾。

如果认为主持修筑朝鲜式山城的是天智朝，自然会产生上述的矛盾。但如果认为主导者是从大唐前来负责执行羁縻政策的使节团，这种矛盾也就可以消解了。正如后文所要详述的那样，大唐在对周边诸国的战争胜利后实施羁縻支配制度之际，通常要设立都督府。由于是在外国设置的都督府，理所当然必须是具有防御作用的设施，因此必须利用自然地形，修筑于高地，拥有监视当地抵抗势力的功能。可见，恐怕日本各地如大野城等朝鲜式山城正是出于这样的目的而开始修建的。

然而，在高句丽亡国不久，唐军因新罗的反抗而不得不撤出朝鲜半岛。既然半岛的羁縻体制已经崩坏，大唐对日本的羁縻体制自然也就很难继续维持，只能从日本撤退。可以认为，从结果来看，朝鲜式山城的防御设施还没完成就被废弃了。

另外，赤司善彦在调查大野城的土垒之后，证实了存在基于版筑工艺的筑造痕迹，并将其与韩国的扶苏山城（即泗沘城）的土垒做了对比研究，进而指出这种技术与百济的扶苏山城具有一脉相承的紧密联系（「北部九州の古代山城」）。如果大野城与百济扶苏山城的筑城工艺具有相似性，我们便不由得猜想两者都是由熊津都督府派出的工匠修筑的城堡。而统领熊津都督府的正是唐军。从这一点来看也可以发现，唐军是以大野城为代表的朝鲜式山城的施工主体的可能性很高。

同时，赤司善彦又指出"大野城和基肄城建于削平丘陵顶部后形成的平地上。但它们的仓库群大部分是奈良时代以后才建造的"。这种情况可以认为是一开始修建了一部分建筑物，中断了很久后才开始建造新的建筑物。对此可以解释为唐军出于在日本执行羁縻政策的需要而开始修筑作为据点的大野城和基肄城，但之后随着唐军退出半岛和日本，这些朝鲜式山城被暂时搁置，之后被日本朝廷进行新的建设，用于对九州的统治。

倘若真的是为了抵抗外国的军事势力开始筑造军事设施，应该不会中断，而是持续修建才对。另外，如果将其设想为军事性设施，就会像赤司善彦指出的那样产生令人疑惑之处："虽然目前在博多湾沿岸尚未发现山城，但在这里设有军事据点更好。"尽管大野城、基肄城并不具备相当大的军事效用，但假如当时在博多湾沿岸地区确实筑有军事据点，就可以毫不犹豫地把这三者都整体性地视为"军事性设施"。但是在博多湾没有发现军事据点，也就很难认为大野城和基肄城是具有军事性质的设施。

# 长门城

虽然在长门国也筑有山城，但《日本书纪》天智四年（665）八月的记述中并未如大野城和基肄城那样以专有名词记载。仓住靖彦对此抱有疑问，并撰文做了详细讨论。这里姑且只谈仓住靖彦的结论，即"很可能原史料中就没有记录长门城的固有名称"，这样认为的理由是长门城不像大野城、基肄城那样被列入与筑紫大宰的迁移联动的计划中，"在四年八月的时间点上进行对比的话，大野、基肄二城已如文字所载开始动工，但至于长门城的情况，却还只是决定在长门国内筑城而已，尚未确定建造的位置"（「天智四年の築城に関する若干の検討」）。

这个问题与天智九年（670）二月条中再次记载"又

筑长门城一，筑紫城二"这一点有关联。坂本太郎在
《天智纪的史料批判》（「天智紀の史料批判」）一文中认
为这条记载是天智四年记述的重复：

> 　　虽然其中一条详细，另一条简略，但内容上所指
> 的无疑是同一件事。尽管为了使两条记载同时有效，
> 有观点认为四年条是指开始筑城，而九年条是指完成
> 时的情况，然而，对比书纪中当时筑城相关记述特征
> 的简略性来说，如此细化的解释并不恰当。这应该是
> 记载了相同的筑城之事但出典不同的史料，而在书纪
> 修撰时被无甄别地当作两件事采用。因此这种情况
> 下，理当遵从四年条的内容。强化国防的政策应该是
> 在从百济撤军后就立即着手的，（中略）可以认为，
> 由于在九年二月条之前有关于高安城修筑的记载，所
> 以在这里以记述同类事情的意图言及了长门、筑紫筑
> 城之事。（第 316～317 页）

　　虽然坂本太郎的上述观点有值得首肯之处，但整体上
并无论证，因此并不能简单地表示赞同。首先，《日本书
纪》中确实有记述不正确的地方，相同的事情重复记载
的例子也的确存在。但把天智九年的记述视为具有简略性
的特征这一点是否合适，尚需证明。然而，坂本太郎对此

并无考证。其次，如果这条记载确实是与修筑高安城的记载联系在一起记入的，也很难认定为"出典不同的史料，而在书纪修撰时被无甄别地当作两件事采用"。在确认高安城修筑年代是天智九年并加以记载之际，再一次把已经记录过的其他山城之事无甄别地记入其后的这种做法无疑是很不自然的。

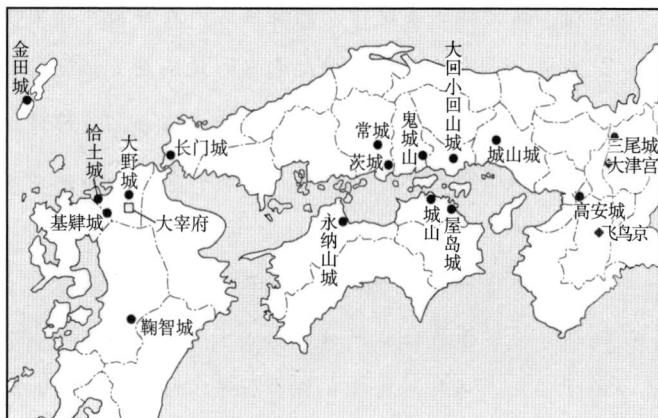

图 3 - 3　朝鲜式山城的分布

资料来源：据森公章所著《日本的对外关系 2　律令国家与东亚》（『日本の対外関係②　律令国家と東アジア』）的《朝鲜三国的动乱与倭国》（「朝鮮三国の動乱と倭国」）一文中的原图改制而成。

仓住靖彦对坂本太郎的观点提出异议："简单认为是相同事件的重复记载这种对史料的理解并不妥当。"他又推测，"由于天智十年正月为流亡日本的百济人叙官品等级，忆礼福留和答㶱春初被授予大山下。这二人的位阶并不算高，但这件事或许显示他们主持下的筑城工事已经进行到一定阶段了"。

仓住靖彦的这种见解从道理上来说值得赞同。不能说坂本太郎的解释没有一点可能性，但确实仓住靖彦所提示的事态发展的流程更易于理解，即天智四年开始在长门、筑紫筑城，天智九年时筑城进度得到肯定，从而在十年的论功行赏时忆礼福留等人被授予了品位。不过，仓住靖彦所说的天智四年在长门的筑城场所尚未决定这一点不能苟同。筑城最重要的便是选定位置，在这点尚未确定的情况下不可能下令于长门国筑城吧。况且，答体春初是百济人，对日本长门国的地理并不了解。这样一来，朝廷下达的岂不是毫无道理的命令。

原本城池名字从一开始就并非固有名词，一般是冠以地名来命名的。在大野这个地方所建的城被称为大野城，在椽这个地方所建的城被称为椽（基肄）城。答体春初在长门国某处修筑的城也应该被称为"某城"吧。问题是该城为何在《日本书纪》中并未被记作"于长门国筑某城"呢？

恐怕理由是在《日本书纪》编纂之时，答体春初所筑之城已经不复存在，且并不清楚曾经具体在何地了吧。而与此相对，正如仓住靖彦所指出的那样，大野城、基肄城因与筑紫大宰有关联，所以作为后世仍被使用的城池而继续存在，在书纪编纂时城池所在的固有地名也很明了。那么为何长门的山城却不复存在了呢？这也是因为随着唐军相继从半岛、日本撤出后而不再被使用了吧。

## 高安城、屋岛城、金田城

下面顺便也说一下其他朝鲜式山城的情况。

《日本书纪》天智六年（667）十一月是月条中可见如下记载：

> 是月，筑倭国高安城、赞吉国山田郡屋岛城、对马国金田城。

在大和国、赞岐国、对马国分别修建高安城、屋岛城和金田城。然而这条史料与天智四年的记述一样，都未见负责筑城之人的姓名，而是记载了各座城的固有名称。据小学馆版《日本书纪3》的眉批可知，高安城是在大和与河内国境处、标高488米的高安山山顶周边所筑山城，屋岛城的所谓屋岛是位于高松市东北部、在海面呈半岛状突出的一块高地，金田城是在长崎县对马岛上的下县郡美津岛町境内标高275米的城山上所筑山城（以上均见于第

273 页）。虽然不清楚金田城之名是否来源于地名，但其他两座山城都是以当地地名所命名的。

关于金田城，西谷正认为：

> 在大野、基肄二城筑成两年后修造的对马国金田城，毫无疑问是为了防御直接从半岛新罗国而来的进攻，这一点从《日本书纪》的叙事脉络和该城的地理位置即可看出，自不待论。（「朝鲜式山城」）

然而，如果真如西谷正所言，金田城确是防御性山城的话，那么即使从地理因素来考虑，也应在大野、基肄两城之前开始筑城才对。因为这里是面对半岛的最前线，难道不是应该在优先顺序上列于首位吗？

笔者曾查访金田城，结果并未看出其具有防御性的构造。沿着海岸筑有阶梯状石壁这一点确实带有防御性质，但只是意味着防备从海岸攀上山崖。倘若唐军无视金田城而从侧面通过，这样的防御也就变得毫无意义了。另外，从停车处顺着山道试着登上山顶后，可以发现有近代炮台的遗址。尽管从山顶眺望视野极佳，但只有火炮才能够攻击得到海上而来的舰船，古代的弓箭是无论如何也射不到的。像这样的山城究竟能以怎样的理由被称为军事防御性设施呢？

倒不如说，金田城的特点是从其海岸线出发，朝着正前方前进即可抵达朝鲜半岛南部。这是金田城在地理上的优势。或许这里的烽火台在与半岛方面联系时非常有用。

西谷正对屋岛城和高安城也做过如下解说：

> 位于四国东部北岸地区的屋岛城，矗立于面向濑户内海突出的丘陵地带的山脊处，特别是向西方眺望时视野很好。虽然在这里的标高 123 米处可以被称为防御正面的西门边有石垒残存，但山城内部构造的详细情况并不清楚。位于从东向西眺望大阪湾的位置上的高安城，建筑于大和国与河内国交界处生驹山脉南端标高 488 米的高安山丘陵地。（「朝鲜式山城」）

由于在这两座山城都还未发现 7 世纪后半期的遗迹，详细状况不得而知。从考古学的角度来说，在没有出土遗迹、文物的情况下，是不能妄加揣测的。因此，目前几乎没有关于高安等城的论考。

另外，亦有文献史学的研究者在论述天智六年（667）三月近江迁都及与其相关联的事时曾提及高安城。例如，吉田孝在《日本历史丛编 3　古代国家之路》（『大系日本の歴史 3　古代国家の歩み』）一书中指出：

在白村江之战后西国疲敝不堪的情况下，为了征发可以依靠的东国军队，相比于飞鸟，大津地区更加有优势。当然，因为在飞鸟的冈本宫亦设有留守司，且修筑了作为守卫飞鸟地区要塞的高安城，故而朝廷可能并没有放弃飞鸟的意图。（第93页）

吉田孝进而认为日本军在各地建造朝鲜式山城，首都也迁至敌方水军无法直接攻击到的近江地区，稳步做好了进入战斗态势的准备。像这样的见解，至今被文献史学的学者们继承。熊谷公男在前文提到过的《日本的历史第3卷 从大王到天皇》一书中写道：

667年，从位于最前线的对马岛修建金田城开始，又分别于赞岐和大和筑造了屋岛城和高安城，从对马岛到大和的各处都配置了点状分布的防御设施。似乎是设想了敌军一直攻入大和地区的状况。（第308～309页）

显然，熊谷公男与吉田孝一样，也把朝鲜式山城视作防御性设施，认为如果遭遇唐军的进攻，日本就会以这些山城为据点展开战斗。

## 朝鲜式山城的军事意义

那么，到底在每座山城配属了多少名士兵呢？《日本书纪》中只是记录了筑城一事，没有记载军事配置。只有山城而不配属抵御外敌的士兵和军备的话，该城就丧失了作为防卫设施的意义。面对在白村江之战中投入了倾国军力却惨遭失败的事实，日本难道不该更加深刻地反省吗？

另外，即使从战略的角度考虑，虽然对马—筑紫—长门—赞岐—大和这条路线各地都建了一座山城，但究竟能发挥多少防御效能呢？正如前文所述，唐军就算无视这些山城也没有任何问题。倒不如说，倘若在这些山城都分配驻守士兵，近江大津宫所能部署的兵力就变得薄弱了，容易遭受攻击。在绕过长门之后，避开水文复杂、小岛众多的濑户内海航路而取道屋岛城所在地之外的山阳道，朝着近江一路直进即可。唐军早已习惯了从长安直到高句丽的漫长征途，山阳道等路途对于唐军来说只能说是区区而已吧。再者，即使发生不得不攻击日本山城的事态，与高句丽那些更加险峻的山城相比，唐军要突破日本这些短时间内仓促建造、兵力配属亦不足的朝鲜式山城，恐怕易如反掌。

点状分布在各地的山城，在军事防御方面并没有多大作用，倒不如集中在筑紫的海岸地区修筑防守石垒更有效果。即使没有特别军事知识的人也很容易理解这一点吧。

然而，钟江宏之在前文曾提到过的概论《日本的历史全集　第3卷　律令国家与万叶集时代的人们》中写道：

> 倭国唯恐从大陆而来的追击，很快在筑紫建造了大宰府并以此为据点铺展防线。从对马岛到九州北部、濑户内海沿岸，直到位于大和西部生驹山地的高安城和近江地区的三尾城，连接朝鲜半岛至畿内、近江之间的区域，呈点状分布的朝鲜式山城，是在流亡日本的旧百济国人的协助下建成的。可以认为它们是紧急时期用于避难的城堡。在朝鲜三国，建造山城的技术十分发达，倭国利用从百济而来的技术者们的知识和技艺构筑了防御阵线。（第77～78页）

首先，所谓建造了大宰府并以此为据点这样的说法就是有问题的。正如仓住靖彦所述，在天智朝阶段，筑紫大宰曾移往内陆地区，当时尚不存在大宰府。仓住靖彦认为"以白村江战败为转折，筑紫大宰被赋予了新的任务，驻地也随之变更。虽然不少学者视此为大宰府成立的标志，（中略）但这点很难苟同"，他进而指出"伴随着《净御原令》的制定，开始施行所谓的大宰府制，筑紫大宰府正是作为其中一个环节而成立的"（「大宰府成立までの経過と背景」）。笔者对此表示赞同。

再者，钟江宏之所言的朝鲜式山城"是在流亡日本的旧百济国人的协助下建成的"这一说法也没有确切的史料依据。因所筑造的山城是朝鲜式的，所以在设计上有百济人的参与，这点大概没错，但没有证据可以肯定百济人参与了实际建造事宜。

另外，前文亦曾反复强调，所谓"紧急时期用于避难的城堡"到底发挥着怎样的作用呢？一方面，守城战是以己方势力会前来援救为前提的。如果援军到来，可以内外夹击正在围城的敌军。另一方面，攻城战中对攻城的一方来说，一般如果在敌方援军到来之前仍未能攻破城池就会有遭到夹击的危险，所以不得不尽快破城。

但是，在己方军队接近时，只是逃入山城的敌人是不足为惧的，只需无视他们，直接绕过即可。就当时天智朝的国力来看，朝廷很难派出援军，因此逃入山城的做法在战略上毫无意义。何况，避入城中的行为也不能被称为"防御"。而且，如果过多的当地民众逃入山城，在军事上守城方就已经失败了。因为城内储存的粮食大多会被避难的民众消耗，能分给士兵们的份额自然会减少，坚守城池的时间也会随之缩短。

考古学研究从现实的角度出发，批判了文献史学中的这种观点。赤司善彦在冈山例会的第六次论坛（岡山例会第六回シンポジウム）中做了如下论述：

> 我认为古代山城恐怕并非主要的军事性设施。虽然有观点认为士兵们常驻的是位于平地的堡垒，一旦有事则避入山城。但山城由于没有仓库而不具备任何储藏功能，不禁让人疑惑真的可以逃入其中坚守城池吗？从所在地来看，我想山城很有可能具有作为烽火台等通信设施的功能，将山城等同于军事据点似乎有些不妥。（「激動の七世紀と古代山城―鬼ノ城をめぐる新視点」第 83 页）

确实如赤司善彦所述，在日本各地修筑作为军事性设施的山城并没有实际意义。在当时国与国之间的战争中，一旦首都陷落、王室被消灭，其他城池即使置之不顾也不会有问题。这一点正如前文所述，有 660 年百济灭亡的先例，天智等人应该非常清楚。即使出现了百济复国军，最终也未能成功复兴百济，这对于天智等人来说就是再好不过的前车之鉴了。

关系到国家存亡的战争，通常在战略上会选择到底是在最前线阻敌，抑或是彻底据守于首都。所谓逃入山城，只不过是在遇到强盗团伙等一时的袭击之际，用于避难的手段罢了。在国家层面的战争中，倘若周围没有己方的城池要塞存在，即使坚守山城也发挥不了任何作用，像这样的设施如果不能真正遍布全国，在战略上是没有什么意义的。历史学家更有必要基于现实情况去考察战争。

朝鲜式山城呈点状分布，建设在从对马岛经濑户内海地区直到大和这条通路上，其意义正如上文赤司善彦所言，是作为"通信设施"而存在的。对大和朝廷来说，应该已经存在某种形式的通信网络，所以这些新建的具有"通信设施"机能的朝鲜式山城，如前文所述，自然而然可以被认为是出于唐军的需要而修筑的。对大唐来说，即使当时日本方面已有某种"通信设施"存在，但还是建造己方惯用的设施更加能够安心。而且，相比交予日本人来建设，与百济国内那些山城具有相同构造的城堡显然更让唐军感到熟悉，故而由百济人来进行设计、指导工作。

## 对马岛的金田城

从这一时期在对马岛筑城一事也可印证上述推测。

对马岛于天智三年（664）设置了"防与烽"，作为通信设施来说，这些理应足够了。然而，天智六年又修建了金田城。也就是说，金田城应该不仅仅具备通信设施的作用。

为了考察这件事，首先我们有必要回顾天智四年九月二十三日刘德高抵日的记述。刘德高一行二百五十四人"七月廿八日，至于对马，九月廿日，至于筑紫"，以此路径登陆日本。也就是说，对马岛是中转地。从釜山到对马岛北端的鳄浦，直线距离为49.5千米，能够望见烽火。即使现在天气晴朗时，也可以从对马岛眺望釜山的夜景。而从对马岛的鳄浦到九州博多地区却有145千米之遥，距离几乎是前者的三倍。

如果只是为了通信，烽火就已足够，但熊津都督府显然很清楚，对马岛在地理位置上作为联结朝鲜半岛和筑紫之间的中转地具有极其重要的意义。因此，天智六年关于金田城筑造的记载，实为唐军在对马岛建造中转基地一事。必须考虑到，朝鲜式山城除了具备赤司善彦所指出的作为通信设施的功能外，同时也可能作为唐军暂时留驻之所。

不过，或许在挖掘调查中并没有发现这些设施。为何会这样呢？如笔者在前文多次提起的那样，是因为唐军中断了在日本展开的羁縻政策。在唐军撤退之后，虽然像大野城那样被日本政权作为大宰府的相关设施而再利用的留有遗迹，但除此之外的山城就很难残存了。

永留久惠认为：

> 如果发生从韩国南部窥视对马岛的情况，无疑可以设想敌军会朝着浅海地区而来。对马的中心位于内海地区，特别是筑造金田城之时对马国的治所位于鸡知，城山自然成了挡在其前方的要塞，也恰恰具备修建占据山险的城塞的优越条件。从浅海湾口到巨济岛有 60 多公里，从湾口至城山大约 6 公里，而从城山到鸡知也大概 6 公里，由此即可知选择城山筑城的理由了。(「对馬「金田城」考」)

他进而指出：

> 另外，城山顶上利于眺望，可以看见远处上县的连山。作为岛内南北走向烽火线的一端，城山拥有可最早获知警报的有利条件，因此其山顶上有名为"火立隅"之处，它被认为是连接烽火线与金田城的节点。

金田城所处的地理条件，使其适合充当以情报传达为中心任务的前线设施，但很难被称为军事性设施。确实金田城位于凸出黑濑湾的山上，是易守难攻之地，但即使金田城是日本所修筑的军事设施，唐军也并非一定要攻下它不可。从对马岛的其他地方登陆，然后再渡海前往筑紫即可。倘若能在此处组建强大的水军倒是另当别论，然而从《日本书纪》中并不能看到这一迹象。

基于以上考察，很难把金田城理解为出于军事目的建造的山城。

# 泰山封禅大典

在天智四年（665）发生的事情中还有其他值得注意的地方。比如，《旧唐书》卷 84 列传 34《刘仁轨传》中记载的麟德二年（665）的仪式。

麟德二年，封泰山，仁轨领新罗及百济、耽罗、倭四国首长赴会，高宗甚悦，擢拜大司宪。

刘仁轨带领新罗、百济、耽罗、倭国的代表们经海路抵达大唐，一同参加了唐高宗举行的泰山封禅大典。唐高宗对此非常高兴，提拔刘仁轨为大司宪。这件事在《册府元龟》卷 981 外臣部 26 盟誓中亦有记载：

于是，仁轨领新罗、百济、耽罗、倭人四国使，浮海西还，以赴太山之下。

不过，《资治通鉴》卷 201 唐纪 17 高宗麟德二年（665）七、八月条的记述最为详细：

上命熊津都尉扶余隆与新罗王法敏释去旧忌。

八月，壬子，同盟于熊津城。刘仁轨以新罗、百济、耽罗、倭国使者浮海西还，〔耽罗国，一曰儋罗，居新罗武州南岛上，初附百济，后附新罗。〕会祠泰山，高丽亦遣太子福男来侍祠。

据此可知，当时高句丽的福男也前来参加了泰山封禅。

泰山位于中国山东泰安，自秦汉时代以来便是皇帝举行封禅仪式的场所。所谓泰山封禅大典则是在山上建造土坛以祭祀上天（即"封"），在山下扫净地面以祭祀山川（即"禅"），天子借此向上天报告天下太平的仪式。唐代举行此仪式的只有高宗和玄宗两位皇帝而已。

这里的问题是，在参加泰山封禅之前，新罗、百济、耽罗、倭国这四国使者曾在熊津城"同盟"一事。关于率领四国使节的刘仁轨的行动，池内宏在前揭《满鲜史

研究 上世 第二册》一书中有如下论述：

> 麟德二年八月，在就利山使新罗与百济誓约和好
> 的刘仁轨，带领新罗、百济、耽罗、倭四国之人返回
> 大唐，前往泰山，列席被称为"古来帝王封禅，未
> 有若斯之盛者也"的大典。之所以要这四国之人伴
> 随左右，是为了让他们目睹大国的盛况吧。在叙述之
> 前龙朔三年白村江之战的《旧唐书·刘仁轨传》中
> 有"倭众并耽罗国使，一时并降"一句。可以认为，
> 所谓赴泰山参会的耽罗和倭国使者，正是在熊津会盟
> 后被留下之人。（第 177～178 页）

池内宏认为，在就利山（今韩国忠清南道公州郡牛
城面新熊里燕尾山）的会盟与泰山封禅是不同的两件事，
并没有特别论及两者的关联。但是，据《新罗本纪》第
六文武王五年（665）八月条：

> 秋八月，王与敕使刘仁愿、熊津都督扶余隆，盟
> 于熊津就利山。初，百济自扶余璋，与高句丽连和，
> 屡侵伐封场。我遣使入朝求救，相望于路。及苏定方
> 既平百济，军回，余众又叛。王与镇守使刘仁愿、刘
> 仁轨等，经略数年，渐平之。高宗诏扶余隆，归抚余

众，及令与我和好。至是刑白马而盟。（中略）

于是仁轨领我使者及百济、耽罗、倭人四国使，浮海西还，以会祠泰山。

由此可知，刘仁愿使新罗文武王（661～681年在位）与故百济王室的扶余隆会盟，同时刘仁轨与耽罗、日本两国使者一并列席，在会盟结束之后，四国使者一同前往参加泰山封禅大典。这就是整件事的经过。

《资治通鉴》中提到的"福男"，是指高句丽宝藏王（642～668年在位）之子男福。也就是说，除了刘仁轨带回大唐的四国使者之外，高句丽也派出了男福出席，这样一来，东亚五国都为了庆贺高宗的封禅大典赶赴而来。高宗"甚悦"也是理所当然的了。

关于前往参加这次封禅大典一事，铃木靖民在《百济救援之役后的日唐交涉》一文中有详细的论述：

从刘仁轨或大唐方面来看，此次封禅大典的意义在于，在百济灭亡之后朝鲜半岛持续的动乱中，不仅作为同盟国并肩战斗的新罗，就连百济和与其关系较好并站在大唐对立面的"倭"国使者亦被要求随驾出席如此展示大唐国威的场合，除了借此提高大唐的威望之外，也对今后大唐的朝鲜半岛政策的顺利实施具有重要意义。

可以说铃木靖民对麟德二年封禅大典的评价一语中的。铃木靖民研究了《册府元龟》帝王部 36 封禅 2 的相关记载，指出高宗命文武百官、士兵以及仪仗队按品级高下列队前行，突厥、于阗、波斯、天竺国、罽宾、乌苌、昆仑、倭国、新罗、百济、高句丽等诸番国"酋长"跟随在这些队列之后。封禅大典果然是大唐向诸国展现其君临东亚之威的仪式。

## 守君大石

铃木靖民提出了一种推测，即参加此次封禅大典的倭国使节可能是当初援救百济的日本军将领之一的守君大石。关于此人，《日本书纪》天智四年（665）是岁条中有"是岁，遣小锦守君大石等于大唐"一语，文中注云"盖送唐使人乎"。铃木靖民认为守君大石作为送使，护送同年九月抵日、十二月归国的唐朝使节刘德高。

然而，现在铃木靖民的推测已经被否定了，因为在时间上存在问题。为了更易于理解，我们把这一时期发生的要事做成年表如下：

　　七月二十八日　刘德高等人到达对马岛

　　八月　新罗文武王与百济扶余隆在就利山会盟，耽罗、日本使者亦列席。之后，四国使者一同前往大唐参加封禅大典

　　九月二十日　刘德高等人抵达筑紫

　　九月二十二日　刘德高等人送呈表函

　　十月　高宗开始安排封禅的队列

　　十一月十三日　宴请刘德高

　　十二月十四日　给刘德高赐物

　　十二月　刘德高归国

　　是岁　派遣守君大石等前往大唐

　　一月　高宗举行泰山封禅大典

　　实际上铃木靖民在前揭论文中也承认这一可能性很低："派遣大石等人是十二月十四日之后的事情。无论大石等人与刘德高等来日一事有没有关联，又是否在那之前即已被遣出发，如果是伴随刘德高归国而一同渡海前往大唐，肯定是赶不上刘仁轨所率四国使节团回国的"。郑孝云在《白村江之战后的对外关系——兼论第五次遣唐使的派遣目的》（「白村江の戦い後の対外関係—第五次遣唐使の派遣目的と関連して」）一文中认为刘德高与守君大石的行动并无关联：

可以认为，刘德高等人抵达筑紫一事，意味着接受了倭国所提出的遣使参加泰山封禅大典的请求。（中略）被允许派遣守君大石等人参加封禅的同时，日本盛情接待了刘德高等人，这是并行的两件事。大石在刘仁轨出发前到达熊津府城，一同前往泰山，这一点与《新罗本纪》中所见史实并不冲突。

郑孝云的观点是，刘德高赴日是为了回应日本希望参加泰山封禅的请求。既然这一请求已被接受，日本理当派出参加大典的使节团。从前后关系来看，日本除了派遣守君大石等人之外别无其他可能。

原本《日本书纪》的记述中，关于派遣守君大石等人一事的时间就只记载了"是岁"。而注中所谓大石等人大概是送刘德高归国的使者只是书纪编纂者的推测罢了，不能简单地认为这就是事实。铃木靖民以书纪的注为依据，误以为大石等人出发的时间是在天智四年十二月十四日之后。然而，书纪编纂者却以"是岁"这样模糊的用语来避开了具体时间的记录。书纪编纂者的这种春秋笔法才是奇怪之处。

另外，守君大石这个人物本身也值得注意。铃木靖民在前揭论文中指出，不能无视"身为使节的守君大石在短短数年之前还是为了救援百济而与阿倍引田比逻夫等人同为将军领军出征这一事实"。守君大石是天智即位前纪八月编组前后二军援救百济出征的将领中少数生还者的一员。他当时是"后将军"。

不清楚守君大石究竟是如何在白村江之战中生还的，只能说在激战中运气极佳吧。当时在他眼前，无数同伴丧生，将军们也先后死去。对他来说，被战友们的鲜血所染红的白村江口的海面是绝对无法忘记的场景吧。

## 就利山会盟

守君大石身为少数生还的将军之一，应尽的或者说不得不尽的职责是什么呢？应该是负责战败处理的签字事宜吧。铃木靖民认为"特意派遣之前百济之役中的将军，显然是为了交涉百济相关问题"（「百济救援の役後の日唐交涉」）。不过，这种说法中含有日本与百济之间利益纠缠之意。而且，基本的思路完全是以日本在军事上仍有余力防御唐军为默认前提的。然而，实际参与白村江之战并惨遭大败的守君大石，真的有与唐军交涉的胆量吗？

他于此时出场的主要目的应是在战败处理仪式上签字，而场合正是在就利山举行的会盟。前往封禅大典或许只是这件事的后续。

郑孝云认为天智三年（664）郭务悰赴日的目的是

"作为对高句丽政策的一环，要求倭王参加新罗文武王与百济扶余隆的会盟"，而天智四年刘德高赴日的目的则是"要求倭国派使节参加唐高宗的封禅仪式"（前揭论文）。确实，按照《日本书纪》记载的时间线来看的话，可以认为郑孝云所论很可能符合史实。但问题是，又该如何理解身为"倭王"的天智并没有参加其中的任何仪式这一点呢？既然大唐皇帝已要求"倭王"参会，作为战败国的日本有可能违背诏令吗？日本方面的拒绝只会使高宗感到羞辱，刘仁愿、刘仁轨等前线将军们难道会漠视这种失礼行为吗？

作为战胜国大唐的皇帝，绝不会容忍战败国日本无视自己的要求。而不顾这样简单的道理，只尝试做出对日本有利的解释，难道不是忽视了从战争史中应该学到的普遍规律吗？

尽管并非四万两千士兵都战死白村江，但大多数人已无法归国。如果按当时一个家族平均十人来算，日本国内大约有四十万人沉浸在战败的悲痛之中。绝不能忘了天智朝是在这些人的伤悲之中为了处理战后事宜而展开外交活动的。

不论铃木靖民抑或郑孝云，都引用《旧唐书·刘仁轨传》中的"倭人虽远，亦相影响"一语，认为唐朝因担心高句丽与日本勾结，故而极力将日本拉入对高句丽战略中来。可是，刘仁轨的这番话只是向皇帝上奏中的修辞，

**天智天皇的日本**

是在强调对半岛具有相当影响力的日本也已经被置于自己统领的熊津都督府所施行的羁縻政策的支配之下了吧。

虽然必须重视作为基本史料的《日本书纪》，但倘若完全相信其记载，连时间线也依照其内容来把握的话，就是一件危险的事了。《日本书纪》原本只是记载"是岁"派遣守君大石，并未明确说是在天智四年的何时。我们以前只是简单注意到注记中的猜测，就将其与刘德高赴日之事联系到一起。相比于此，倒不如以如下的时间顺序来重新审视整个事件的发展：

　　　天智二年　八月　白村江之战

　　　天智二年　九月　百济复国军战败。一部分百济余党及日本败兵驾船逃向日本

　　　天智三年　五月　郭务悰抵日

　　　天智三年十二月　郭务悰归国

　　　天智四年　八月　就利山会盟

　　　天智四年　九月　刘德高抵日

第一次大唐使节郭务悰于天智三年五月抵日之际，通知日本将举行战败处理的签字仪式，于是日本派遣守君大石参加翌年八月的就利山会盟。如此解读才更加自然地合乎历史的逻辑。郭务悰大概同时也传达了如果签字仪式顺

利达成，高宗将允许日本也参加封禅大典的意思。

也就是说，就利山会盟并非单纯为了新罗王和百济王室和好而举办的仪式。这实际上是基于大唐有利于自身的政策，一边在表面上宣扬与百济王室重归于好，一边迫使新罗文武王承认扶余隆就任熊津都督的会盟。这件事完善了大唐对百济故土实施的羁縻体制。因此，不愿服从由大唐主导的政略的新罗文武王，以过去的历史恩怨为由表示了对会盟的不满。

另外，可以认为日本与耽罗并非单纯列席会议的国家，而是在此接受了大唐的羁縻政策，简单来说，就是两国被要求在加入大唐羁縻体系的协约上签字。耽罗也与百济之役有关联，这一点在上文已经提及了。

战争既然开始，就有终结的时候。由于还有尚未完结的战争，所以需要始终保持战时体制。从隋朝远征高句丽开始，到大唐终结这场战争为止，隋唐王朝与高句丽的关系一直很紧张。高句丽时而以恭敬的姿态尝试进行缓和外交，时而又强硬地付诸武力。虽然有过中断，但两国始终处于拉锯战中。

这样的状态使双方国力疲敝，如果在这期间有第三国介入，就会演变成渔翁得利的局面。因此，唐太宗李世民计划首先增强国力，再全力投入到对高句丽征讨中。可惜尚未成功，太宗就抱憾驾崩，开始了高宗君临天下的时代。

回过头来再看日本的情况。一方面，日本与中国并不接壤，因此不会有遭遇唐军突袭之事，必然可以在对方的舰队汹汹而来之前调整好临战状态。但另一方面，日本四面被大海包围，所以无从得知敌军会从何处上岸。如果在好几处登陆点都做好应对准备，又会使每一处的兵力变得薄弱。无论对进攻方还是防守方来说，大海都是最大的壁垒。利用这个天然壁垒而尽力以外交的方式解决问题才是最佳选择。

然而，日本还是选择了援助百济复国军，由此惨遭战败。即使有大海作为防御的壁垒，也不可能把白村江之战当作什么也没发生过而试图展开全新的外交活动。倘若不承担战败责任，也不可能被对方视作可交往之国家。

战争究竟因何而起？除了保卫本国的防卫战之外，都是为了从对方那里夺取些什么。抢夺的对象各种各样，有土地、粮食，也有作为奴隶的人。不管怎样，为了争夺什么而爆发战争已是人类历史的规律。而即使战胜的一方为了战争也必然投入大量的物资，首先是士兵，然后是武器和作为军粮的粮食，以及给予立功将士的恩赏等。一般而言，战胜国的要求首先是补偿己方投入的物资，进一步则会以胜利者的身份索取更多。

然而，《日本书纪》中却完全看不到日本方面有接受战败处理事宜的迹象。历来的历史学家们据此在关于白村江战败后的问题上普遍无视战争的残酷现实而展开论述。《日本书纪》中没有这方面的记载，并不等同于历史上没有发生过这样的事实。很可能书纪编纂者故意没有写入对日本而言是负面的事情。既然战争已经发生了，那么不管是战胜也好战败也罢，都需要处理战后诸事。历史上大概不存在未做战后处理的战争。

大唐虽然在白村江取得了巨大胜利，却还没从日本那里得到任何东西，对于百济的羁縻政策也尚在推行之中，接下来就该是如何处置日本这个问题了吧。而关于此事的外交谈判自然需要一个适当的场合，这个场合想必就是就利山会盟。

## 派遣大友王子

在中国方面的史料中，将参加封禅大典的人们记为各国的"酋长"，这一点值得留意。比如，前来出席的高句丽代表不是宝藏王，而是其子男福。不管是哪个国家，王本人都不会轻易前往他国。何况，当时朝鲜三国与日本正处在战后或战争之中的紧张状态中。应该是由足以代表国王的人物前往参加了封禅仪式。

如果日本方面派出参加大典的使节只有守君大石，与所谓"酋长"之名不符。"酋长"原本应该是指番邦国王，既然不是国王亲自前来，那么理应是与此地位相当者才对。天智本人自然不会出席，而与天智地位相当的人物只能是大海人王子或大友王子了。尽管有可能是其中任何一人，但没有确切史料可以证明大海人也在那津宫中。与此相对，大友王子却很有可能就在那津宫。

奈良时代的汉诗集《怀风藻》（成书于751年）中有如下记载：

> 皇太子者，淡海帝之长子也。魁岸奇伟，风范弘深，眼中精耀，顾盼炜烨。唐使刘德高，见而异曰："此皇子也，风骨不似人间人。实非此国之分。"

刘德高见到大友王子的面相后称"实非此国之分"，意即这不是应该出现在日本之人。也就是说，大友曾与刘德高会面并得其相面。

这里的问题是，大友王子是在何处与刘德高见面的？就利山会盟是在天智四年（665）八月，刘德高抵日是在同年九月。如果大友王子是在筑紫与刘德高初次会面，那么他就不可能出席就利山会盟。参加高宗封禅大典的使节在就利山会盟之后跟随刘仁轨前往大唐，所以倘若大友王子参与了封禅大典而未曾出席就利山会盟，这就产生矛盾了。

**图 3-4　大友王子画像（藏于法传寺）**

另外，刘德高在赴日之时，郭务悰也一并同行。可以认为郭务悰是熊津都督府的官员，所以刘德高应是从大唐先顺道前往熊津都督府，在那里了解日本的情况后带领郭务悰等人前往日本的。如果大友王子先后参加了就利山会盟和泰山封禅仪式，他能够与刘德高会面的机会只能是在熊津都督府了。

这样一来，我们大概可以对整个事件的经过做如下推测。

天智三年五月，郭务悰来日传达了唐军关于战后处理事宜的意向，要求日本派代表出席翌年八月在就利山举行的会盟，以签署五国战后协议，随后于十二月归国。天智朝预计将要参加泰山封禅大典，于是选择了天智的儿子大友王子作为使者，于天智四年派往熊津都督府；同时，也以熟知半岛事务且是唯一有百济战场经验的守君大石作为随从人员。大友王子与守君大石在七月中旬抵达熊津都督府，与刘德高会面。之后刘德高很快前去日本，在七月二十八日到达对马岛。另一方面，大友王子等人于八月参加了就利山会盟后，由刘仁轨率领前往泰山，参加高宗的封禅大典。

当然，在史料上只有《怀风藻》里只言片语的记载，除此之外，也只有描绘了当时大概局势的证据，并不能超出想象的范畴、得出确切的结论，但以上推测符合史实的可能性是极大的。《日本书纪》是打倒了大友王子的天武天皇下令编纂的史书，因此很可能极力削除了有关大友王子的记载，更是完全删去了表明日本曾屈服于大唐的记录。我们在阅读《日本书纪》时必须考虑到这一点。

## 耽 罗

在这里也想简单讨论一下耽罗。

铃木靖民因《旧唐书》卷84列传34《刘仁轨传》记有"倭众并耽罗国使，一时并降"一语，故而认为"显然在龙朔三年，耽罗也与这场战争有关联"（前揭论文）。
铃木靖民所指《刘仁轨传》中的相关记载如下：

> 余丰脱身而走，获其宝剑。伪王子扶余忠胜、忠
> 志等率士女及倭众并耽罗国使，一时并降。百济诸
> 城，皆复归顺，贼帅迟受信据任存城不降。

这段史料记述了白村江战败后的情形：由日本归国
成为百济王的扶余丰只身逃脱，王子忠胜、忠志等人率
领残存势力及日本兵士和耽罗国使者向唐军投降；其余
百济诸城也陆续归降，只有迟受信一人率众盘踞任存城
继续抵抗。

据此记载，耽罗似乎没有出兵协助百济复国军，只是
出于一直以来的外交关系而派出了使者，与复国军维持以
往的关系罢了。《资治通鉴》关于耽罗的注云："初附百
济，后附新罗。"从这点来看，直到 660 年百济灭亡，耽
罗一直从属于百济，之后依附于新罗。也就是说，白村江
爆发战争之时，耽罗的使者正在复国军营中，或许确实并
非军事上的站队，只是出于不得不遵守的义理而派出使者
罢了。

森公章在《古代耽罗的历史与日本》（「古代耽羅の
歴史と日本」）一文中通过对各史料的考察，得出结论认

为"在百济之役中，耽罗与日本一同迎战了唐罗联军"（第251页）。耽罗即是现在的济州岛。济州岛是朝鲜半岛西南端往南约90公里处的一个大岛。原本由于是火山岛而拥有很少适宜农耕的土地，海岸线上也遍布险峻的礁石，现在则作为蜜橘等柑橘类水果的产地而出名，可以说很缺乏独立性，通常与邻近地区的交流非常重要。像这样弱小的岛国，依附于百济或新罗也是不得已的事吧。小国依附于大国自然是最安稳的做法。这样的耽罗真的会与周边最强大的国家大唐交战吗？朝鲜三国和日本本来就是独立的国家，所以为了保护本国的独立也会与大国作战。但从来就是作为某国的附庸而存在的耽罗并没有与大唐发生战争的必要。即使有的话，也只是向所属的宗主国表示履行自身的义务罢了。

应该注意的一点是，尽管耽罗没有参与这场战争，但唐朝没有无视耽罗。唐朝在推行对故百济国的统治并与日本打交道之际，位于通往日本的海路之上的耽罗也同样被要求参加就利山会盟，可以认为这是为了迫使耽罗在此时做出是否归顺大唐的决定。耽罗不可能以一国之力对抗大唐，因此不得不在协议上签字。这件事意味着唐朝的羁縻体制已越过朝鲜半岛将济州岛也纳入其中。

森公章根据《旧唐书·刘仁轨传》的"耽罗国使"一语，指出"或许也可以推测耽罗正式降服于唐朝"（前揭论文第253页）。但是，从"扶余忠胜、忠志等率士女及倭众并耽罗国使，一时并降"一句的意思来看，应是复兴军和日本军的残余兵力以及刚好身处其中的耽罗国使一起向唐军投降。所谓投降，并没有正式与非正式之分。在这里，倒不如说与耽罗国使一同投降的"倭众"才是重点。

理所当然，身为战败国的日本在熊津的就利山会盟上承认了战败的事实，并明确地表示降服，正式承诺加入大唐的羁縻体系。倘若没有这个承诺，大唐可能会派出大军继续对日战争。作为使者被派遣的大友王子和守君大石应该就是被委任负责此事而从日本出发的。

有意思的是，天智四年八月达率答㶱春初等人受命于长门国和筑紫国修筑山城（大野城、基肄城）时，耽罗派来了使者。正如前文所述，可以认为这两处的三座山城是作为与熊津都督府联系的中转基地由郭务悰下令建造的。或许这些中转基地的修建与耽罗也有某种关联。

其后，史料表明耽罗又于天智五年正月十一日、六年七月一日和八年三月十一日三次遣使赴日。不过，这几条记载都只是以很简短的句子记录了使者的派遣而已，并没有写明其赴日的目的。而且，日本方面也并未派出负责送别的官员。也就是说，只是耽罗单方面派来使者罢了。

关于这一点，森公章的推论是"耽罗并未遭受直接的威胁，大概是出于隐隐的不安而向日本派出使节，以谋求维持其独立性的后盾"（前揭论文第258页），但这样的推测很难让人认同。即使向日本遣使也并不能消除不安，与其如此，不如向大唐频繁地派出使节表达恭顺之意更合适吧。而且，无法想象正苦于战败后的外交事宜的日本能够对他国的独立提供什么帮助。

勉强推断的话，虽然《日本书纪》中并没有记载，但可能那津宫有派出使者前往耽罗交换情报。只是，如果记录此事的话，也就无法掩饰当时日本与唐朝的关系，故而《日本书纪》将这些记载都删去了。总之，单方面的国际交往是不可能的事。

## 唐朝支配周边国家的方式

尽管前文已多次提及唐朝的羁縻政策，但在这里需要再次对唐朝支配周边国家的方式做一番探讨。唐朝的羁縻政策并不只针对朝鲜半岛，而是广泛实施的。关于唐朝对高昌国（今吐鲁番）施行的统治，栗原益男指出唐朝在贞观十四年（640）八月灭亡了麹氏支配下的高昌国之后，于同年九月即将其改称西州并设置了安西都护府，同时"把高昌国三郡五县的郡县制改为一州五县，并在其

下实施乡里制"（「七、八世紀の東アジア」）。

根据栗原益男所论，高昌国本是汉民族定居的国度，同样施行郡县制，"被认为是由自耕小农阶层构成的农耕社会"（前揭论文），因此，唐朝并未采用羁縻政策，而是将其直接置于律令制的支配之下。然而，这只能被视为例外的做法。

关于高昌国，西村元佑认为：

　　原高昌国的上层统治集团被带去长安，被切断了与当地的联系。被允许留在高昌的原中层以下旧官僚、望族等则被置于唐朝的州县制下管束，他们只有尊奉律法、竭诚尽力服务于唐朝的统治，才能保障自身生活的安宁，所以在这一阶段唐朝尚未对他们有具体的处置措施。不过，在一年有余之后的贞观十六年正月的诏书中，（中略）安抚的对象分为百姓、僧尼、旧官僚望族等，官僚之中为维持新秩序出力者被授予骑都尉以下的勋官；官田被分给旧官僚望族及百姓，其他流亡出逃者也被免罪并允许附籍等，这些内容与之前贞观十四年的诏书相比更加具体。（「西州における唐の直轄支配と均田制—貞観一四年九月安苦延手実と貞観年中巡撫高昌詔の意義を中心として」）

这个过程与唐朝在灭亡百济之际、将义慈王及以下诸王子贵族都送至长安问罪后又加以赦免，并授予王子扶余隆以司稼卿之职，更使其协助熊津都督府的统治一事很相似。

另外，齐藤茂雄在《唐代单于都护府考——关于其所在及设立的背景》（「唐代単于都護府考—その所在と成立背景について」）一文中认为羁縻政策的特征是"利用某政权的统治集团来对这个降服的政权实施间接统治，进一步在各地设置被称为都护府的设施，作为羁縻支配的最高统治机构"。

据齐藤茂雄所论，唐朝在贞观四年（630）灭亡了突厥第一可汗国，又在贞观二十年（646）灭了漠北突厥系游牧民族的薛延陀汗国，于是设置了燕然都护府，开始在蒙古高原实施羁縻统治；后又在镇压了显庆五年（660）至龙朔三年（663）之间爆发的漠北突厥系游牧民族铁勒的叛乱之后，于漠北和漠南分别设置瀚海都护府和云中都护府，云中都护府后被改称为单于大都护府。

如上所述，唐朝在军事上灭亡了周边民族的政权之后，设置都护府或都督府以开展羁縻统治，用这种形式扩大了服属的地域和国家。在完成对突厥地区的羁縻统治后，接下来就要将东北方向的朝鲜三国也同样置于羁縻统治之下，这是显而易见的大势所趋。这样一来，也就不难想象其也会尝试在日本施行这种羁縻统治了。

## 对百济、高句丽的羁縻统治

唐朝在 660 年灭亡百济之后，具体实施了怎样的统治措施呢？下面将关于这一点稍微详细地做一番探讨。《旧唐书·高宗本纪》（上）显庆五年八月条记载道：

> 八月庚辰，苏定方等讨平百济，面缚其王扶余义慈。国分为五部，郡三十七，城二百，户七十六万，以其地分置熊津等五都督府。曲赦神丘、嵎夷道总管已下，赐天下大酺三日。

大唐为了统治百济，将其国土分为五个部分，设置了五处都督府。可知在新占领之地设都督府，并以此为据点实施间接统治是唐朝的惯用手段。《旧唐书》卷 199 上《东夷传·百济》（简称《旧唐书·百济传》）中有更加详细的描述：

> 显庆五年，命左卫大将军苏定方统兵讨之，大破其国。虏义慈及太子隆、小王孝演、伪将五十八人等送于京师，上责而宥之。其国旧分为五部，统郡三十七，城二百，户七十六万。至是乃以其地分

置熊津、马韩、东明等五都督府，各统州县，立其
酋渠为都督、刺史及县令。命右卫郎将王文度为熊
津都督，总兵以镇之。

百济国土被分为五部，共有三十七郡、二百城、七十
六万户，分置五都督府，以统领新设的州县体制，同时封
当地的首领要人为都督、刺史和县令以协助大唐的统治。
但只有军事方面委任给了右卫郎将王文度。据《百济本
纪》的记载，在百济设置的五个都督府是"熊津、马韩、
东明、金琏、德安"。关于这一点，鬼头清明在《日本古
代国家的形成与东亚》（『日本古代国家の形成と東アジ
ア』）一书中有如下解说：

　　五都督府与五部，三十七郡与三十七州，在
数字上一致，这说明唐朝的统治虽然改变了一些
称呼，但依旧继承了原百济国在各地的支配结构。
另外，在官员任命方面，据《旧唐书·百济传》
"各统州县，立其酋渠为都督、刺史及县令。命右
卫郎将王文度为熊津都督"可知，除了熊津都督
之外，都是直接将百济的当地势力原样纳入了官
僚体系的，这点也可以说是继承了原百济国的支
配体制。可以认为，这是由于顾虑到百济残存势

力而采取的怀柔政策。（第 145 页）

当时，虽说大唐灭了百济，但实际上只是攻陷了义慈王等人所在的熊津城，其他百济诸城并无损伤。因此，在这个阶段，对于是否真的能够设置五都督府，多少是有些疑问的，不过对急于征讨高句丽的唐朝而言，大概是作为暂定方针设立了五都督府的吧。作为核心存在的熊津都督府的初任都督是王文度，之后是扶余隆，大唐实施了如鬼头清明所述的怀柔政策。

这样的做法也同样被用于高句丽。唐朝在 663 年的白村江之战后，得到新罗的协助，终于在 668 年灭亡了高句丽，于是也在高句丽实行了羁縻政策。《旧唐书·东夷传·高丽》记载道：

> 高丽国旧分为五部，有城百七十六，户六十九万七千；乃分其地置都督府九、州四十二、县一百，又置安东都护府以统之。擢其酋渠有功者授都督、刺史及县令，与华人参理百姓。乃遣左武卫将军薛仁贵总兵镇之，其后颇有逃散。

高句丽的国土原被分为五个区域，共一百七十六城和六十九万七千户人口。大唐在高句丽设置了九都督府、四十二州和百县以进行统治。因为是羁縻政策，故而是从当地有势力的人中选出对大唐有功绩者分别授予都督、刺史、县令的官职以维持统治。

据《旧唐书》卷 83 列传 33 可知，此处出现的薛仁贵是绛州龙门县（今山西河津）人，贞观末年参加了太宗的高句丽远征军，因身着醒目的白衣活跃于前线而被召见，获赐两匹马和四十匹绢，被提拔为游击将军。显庆二年（657）再次参与远征高句丽，担任主帅程名振的副将，攻陷了贵瑞城，立下"斩首三千级"的战功。后又于乾封初年（666），随征讨高句丽的援军参战，乘胜率两千兵士攻克扶余城，其后与李勣合军彻底降服高句丽，因功晋封右威卫大将军、平阳郡公兼检校安东都护。可以说薛仁贵一生都在与高句丽战斗。

关于高句丽的战后情况，栗原益男指出，"唐朝并未依托高句丽原本的地方行政组织，而是采用与此并不对应的行政区划来引入内地的律令制地方统治机构"（前揭论文）。他根据"与华人参理百姓"的记载，进而认为"以安东都护府统辖高句丽全境的同时，唐朝通过向各都督府、州县的地方统治机构派出唐人官员来更加直接地实施统治"（前揭论文）。自隋朝以来，隋唐王朝就有控制高句丽的愿望。因此，大唐对高句丽施行了比对待百济更加直接的统治方式。

## 筑紫都督府

既然唐朝在百济、高句丽的占领地区采取了相同的统治形式，那么对日本的支配统治也应该使用了同样的方式吧。

值得注意的是，《日本书纪》天智六年（667）十一月九日条有如下记载：

> 十一月丁巳朔乙丑，百济镇将刘仁愿遣熊津都督府熊山县令上柱国司马法聪等，送大山下境部连石积等于筑紫都督府。
>
> 己巳，司马法聪等罢归。以小山下伊吉连博德、大乙下笠臣诸石为送使。
>
> 是月，筑倭国高安城、赞吉国山田郡屋岛城、对马岛金田城。

可见，十一月九日，刘仁愿向筑紫都督府派出了熊津都督府的司马法聪等人。在这里出现的"筑紫都督府"到底是什么呢？

小学馆版《日本书纪3》关于此处的眉批如下：

> 即筑紫大宰府。此处是模仿唐朝官制的文辞修

饰，抑或是白村江战后一度改称大宰府为"都督府"，未详。虽然有唐朝占领九州并设置此官职的说法，但此处不予采纳。

这条注释并未说明为何不采用唐朝占领九州并设置此官职这一说法，但不能把"筑紫都督府"这个表述当作单纯的笔误或仅仅一时的改称来处理。八木充关于"筑紫都督府"的如下见解恐怕是目前普遍被接受的观点：

> 有观点认为，倭国在百济之役溃败后成为唐朝羁縻统治下的州县，并被设置筑紫都督府，笔者无论如何也不能苟同。大概可以认为有这几种可能：被同史料中出现的"熊津都督府"一语影响而将筑紫误记为"都督府"；或是这段记载的原史料出自外国人所写的记录，其中有"筑紫都督府"一语，因而在《日本书纪》编纂时被不小心使用（比如《海外国记》的情况那样）；再进一步推测的话，又或者原本只写了筑紫二字，在后来却加入了"都督府"一词。总之，变形前的原官名应是筑紫大宰，如此考虑并没有大问题。（『日本古代政治組織の研究』第 302 ~ 303 页）

首先，关于《日本书纪》的编纂，虽然不能说完全没有"误记"，但如八木充所言的可能性很低。当然，在尚是写本的阶段，误写之事时常发生。不过，这种情况下，如果利用诸本来做对照校勘的话，一定程度上能够改正误写之处。《日本书纪》的记述中若有奇怪的语句或文章几乎都可以认为是有意所致。因此，必须考察这意图究竟是什么。所谓史书，有一个大原则，即按照对编纂当时的政权有利的方向去写某事，或是特意不写某事。从这个原则来看，对于试图消除大唐统治痕迹的书纪编纂者来说，"筑紫都督府"无疑是最不利的用语，也是原本就没有必要使用的词语。即使是误记，在校正的阶段也可能被修正，更不用说什么"在后来却加入了'都督府'一词"了，这个观点是无法被认可的，因为根本毫无这样做的必要，反而是将"都督府"一语删去才符合书纪编纂者的立场。

因此，难道不是应该思考这条记载在《日本书纪》中被留下的意义吗？虽然八木充不认同"倭国……成为唐朝羁縻统治下的州县，并被设置筑紫都督府"这个观点，但考虑到百济或高句丽战败后的状况，应该说在日本也设置都督府的情况是完全有可能存在的。在当时东亚的国际形势下，日本又能以什么样的理由来反对设立都督府呢？

如鬼头清明所指出的那样，在百济设置五都督府时，唐朝"依旧继承了原百济国在各地的支配结构"（前揭书）。那么，也同样可以认为日本当时保留了筑紫大宰作为筑紫都督府。《日本书纪》中的"送大山下境部连石积等于筑紫都督府"一句，看上去是法聪等人前往已经存在的筑紫都督府。也就是说，在这之前已设置了筑紫都督府，设立的时间或为天智四年刘德高赴日之时。

# 司马法聪

或许由郭务惊带来日本的二百五十四名部下就常驻在筑紫都督府。可以认为与法聪同行的境部连石积等人是作为向导兼翻译而被一起带来筑紫的。

小学馆版《日本书纪3》关于法聪的说明是："原百济国官员、熊津都督府司马。后被新罗扣留，672年文武王向唐朝派出陈情使团之际获释。"《日本书纪》中记载派遣法聪前去日本的是刘仁愿。

《新罗本纪》第六文武王七年（667）七月条有"高宗命刘仁愿、金仁泰从卑列道"一语，可知刘仁愿为了参加对高句丽的战争而与新罗的金仁泰一同率军从卑列道出征。另外，同书的同年十二月的记载中亦有"唐留镇将军刘仁愿传宣天子敕命，助征高句丽"一语，可见天智六年（667）七月至十二月间，刘仁愿正参与征讨高句丽之战。再者，《新罗本纪》文武王八年（668）六月二十二日条载"府城刘仁愿遣贵干未肹告高句丽大谷城、汉城等二郡十二城归服"，又于九月二十一日条记"高句丽王先遣泉男产等诣英公请降"，即此日高句丽降服于大唐。由此可知，天智七年（668）六月至九月间刘仁愿依旧身处与高句丽的战事之中。

也就是说，天智七年十一月赴日的法聪，正是在唐军平定高句丽、进行战后事宜处理之时前来日本的。而且，他在十一月九日抵日后，十三日即归国，行程很匆忙，只是五天四晚的短暂停留。

很可能法聪赴日一事，并不是为了与天智等人商量些什么事，而是为了告知高句丽的灭亡，使日本明白自身所处的立场。不过，当月修筑大和国的高安城、赞岐国的屋岛城、对马国的金田城一事，或许与此有关。为了在日本也实施五部制、都督府制，需要在西部进一步修筑作为军事据点的山城。赞岐国的屋岛城可以说是濑户内海航线上的据点，接着在作为终点的大和国修建高安城，据此以山城将对马—赞岐—大和连成一线。大唐得以一步步地推进对日羁縻统治的准备工作。

重新考虑法聪在日本只短暂停留了四天这一点的话，与其说他的目的是对日交涉，不如说是为了监督滞留在日本的唐人和被俘虏的百济人等在筑紫都督府的工作进度，当然或许也是为了听取他们对今后所需的人才和物资的要求。

## 境部连石积

与法聪一同被送往筑紫都督府的境部连石积是怎样的人物呢？《日本书纪》孝德纪中记载，白雉四年（653）五月曾派出遣唐使，当时的留学生中有名为"坂合部连磐积"之人。由"以学问僧知弁、义德、学生坂合部连磐积而增焉"这一记述来看，可知他并非正式的留学生，而是之后增加的人员。

当时的遣唐大使是吉士长丹，副使是吉士驹，留学僧有道严、道通、道光、惠施、觉胜、弁正、惠照、僧忍、知聪、道昭、定惠、安达、道观等人。值得注意的是，中臣镰足的长子定惠也在其中。

定惠于天智四年（666）九月刘德高赴日之际返回日本。《日本书纪》白雉五年（654）二月条的"伊吉连博德言"部分有如下记载：

> 学问僧惠妙于唐死，知聪于海死，智国于海死，智宗以庚寅年付新罗船归，觉胜于唐死，义通于海

死，定惠以乙丑年付刘德高等船归。

可见学问僧大多客死他乡，其中定惠在"乙丑年"（天智四年）归国。这与《藤氏家传·贞慧传》中的记载是一致的："以白凤十六年岁次乙丑秋九月，经自百齐来京师也"，"诏郭武宗、刘德高等，旦夕抚养，奉送倭朝"。从"经自百齐"一语来看，可以认为定惠是从长安出发，经由位于原百济国的熊津都督府，与刘德高、郭务悰相伴回到日本的。

然而，《贞慧传》中有"百齐士人，窃妒其能毒之，则以其年十二月廿三日，终于大原之第，春秋廿三"的记载，也就是说定惠于归国当年的十二月去世，年仅二十三岁。关于定惠被毒杀一事，直木孝次郎认为：

> 想必定惠已经习惯且热爱大唐的生活，并已完全唐化了，其风采无疑会招致留在百济国故地的百济人以及流亡于日本的百济人的憎恨。不清楚定惠提出了怎样的外交策略，但对于意图振兴母国的百济人来说，这显然是不可接受的。无法断定定惠是被百济人暗杀的，但定惠的不幸是以这些情况为背景的。（『古代日本と朝鮮·中国』第 170~171 页）

图3-5　定惠画像（藏于谈山神社的
八讲祭奉仕区）

不过，即使定惠再怎么习惯大唐的生活，像他那样的
人物应该还有很多，而且百济的灭亡也不是定惠的错。另
外，如果按照直木孝次郎所言，身为百济人却降服于大唐
并为其所用的祢军、郭务悰，以及像扶余隆那样的人物才
应该是百济人极力憎恨的对象，然而他们并没有被暗杀。
相反，与百济的灭亡毫无关系的日本人定惠却被百济人所
仇恨，实在于理不合。

很有必要调查一下记载着定惠被"百齐士人"毒杀
一事的《贞慧传》的记述是否可信，但这非常困难。倘

若这条史料可信，倒是应该考虑文中将熊津都督府记为"百齐"这一点，所谓"百齐士人"，有可能并非指百济人，而是隶属于熊津都督府的人物。具体而言，可以列举郭务悰或刘德高作为候选者。但是，考虑到刘德高是唐人，而郭务悰是百济人，让人感觉郭务悰的可能性更大。当然，不能否认这是有些牵强的三段论式推理。不过，以下将沿着这个思路再稍做推测。

这里的问题在于郭务悰为什么必须暗杀定惠。

这个问题从一开始就不明了。

不过，由于正是郭务悰等人欲将日本置于大唐羁縻统治之下这一时期发生的事件，所以我们必然会怀疑定惠是不是成了其绊脚石。如果展开天马行空的想象，或许可以认为长安和熊津都督对日本的态度有差异，而后者并不想让日本得知这个情况。也就是说，前线的熊津都督府的官员们试图把在日本实施羁縻政策作为功绩，以得到重新活跃于长安政界的机会；与此相对，在长安，高句丽和突厥问题才是中心话题，对日政策等并未引起多大的重视。因此，如果日本更加积极地展开与长安方面的交涉，很可能大唐的对日政策会发生变化，而熊津都督府并不希望日本了解到这一点。抑或是，可能定惠偶然间得知了大唐与新罗之间的关系正处于濒临破裂的微妙时期，而大唐并不想让天智等人知道新罗的反唐倾向。

以上这些推论可能成立的前提是《贞慧传》的记载确为事实。

话题转回境部连石积，天智四年（665）是岁条载，守君大石在被派往唐朝之时，境部连石积也一同随行。另外还有大乙吉士岐弥、吉士针间等人同行。如果这批遣唐使确如笔者所想的那样，与大友王子一道出席了就利山会盟并参加了泰山封禅大典，境部连石积便是身负重任前往大唐，并一直在唐朝滞留到天智八年。倘若果真如此，境部连石积大概是作为精通汉语的中国通而与使团同行的。

如此一来，有必要重新审视天智四年使团人员的构成。守君大石是经历过白村江之战的将军，境部连石积是有在唐朝留学经历的人，吉士一族则是擅长外交的氏族。这样看来，当时派往大唐的人是由精挑细选的成员组成的。然后又如笔者在前文的假说，大友王子带领使团以签署投降协议和庆贺高宗封禅大典的形式展开对唐外交活动。

随后，在封禅仪式的参与者中，大友王子可能先一步返回了日本，而精通汉语的境部连石积则为了后续的外交交涉而留在熊津都督府。虽然在《日本书纪》中并无记载，但能够想象得到，在这里境部连石积所发挥的作用应是相当大的。他是在天智五年正月的仪式结束后，暂时留在唐朝，于故交友人之间往来奔走，探讨战败处理的对策，然后又前往百济国故土的熊津都督府，与作为半岛前线负责人的刘仁愿、刘仁轨等人也有接触吧。经过大约不到两年的留唐、留都督府时期，境部连石积与司马法聪同行回到日本。

# 第四章　迁都近江

## 天智回京

那么，天智在筑紫驻跸到了何时呢？

虽然可以认为，至少在天智六年（667）十一月十三日法聪返回大唐之前，天智一直都在筑紫，但正如前文所述，假如法聪的目的是来视察筑紫都督府的工作进展状况，即使天智不在筑紫也没有什么问题。

让我们稍稍往回看看《日本书纪》的记载，可见天智六年二月二十七日齐明女王与间人王女被合葬于小市冈上陵的记载，也记有三月十九日迁都近江一事：

六年春二月壬辰朔戊午，合葬天丰财重日足姬天皇与间人皇女于小市冈上陵。是日，以皇孙大田皇女葬于陵前之墓。高丽百济新罗皆奉哀于御路。皇太子谓群臣曰：我奉皇太后天皇之所敕，忧恤万民之故，不起石椁之役，所冀永代以为镜诚焉。

三月辛酉朔己卯，迁都于近江。是时，天下百姓不愿迁都，讽谏者多，童谣亦重，日日夜夜失火处多。

这两件事都很难发生在天智不在现场的情况下。既然是兼具先王与前太后身份者的葬礼——齐明女王又是天智的母亲——另外还有其妹间人王女也一同下葬，无论是出于人伦还是作为丧主，天智都应当出席。由于小市冈被确定位于大和国高市郡，因此在这个时间点上，天智回到飞鸟的可能性很大。而迁都是需要大王主持的大事，天智也理应在场。如此看来，或许天智前五年在筑紫处理完必须完成的工作后，暂且于天智六年返回了大和地区。也就是说，齐明、间人的合葬与近江迁都是一连串的事件，前后关系倒是并不明确。从某种意义上说，天智从九州回到大和后便举行了近江迁都与合葬之事。

与此同时，《日本书纪》天智七年正月三日有"皇太子即天皇位"一语，有必要重新考察这句话。本书在前文已经提及，不仅天智没有以皇太子身份"称制"的必要性，而且在国家危急之际，如果没有一国之君的存在，外交上的交涉也是不可能达成的，进而也论述了在筑紫进行战败后的外交活动的有利性。

基于这些思路，天智七年即位一事的记载值得深思。

很可能，天智为了在外交活动的现场主持交涉事宜，没有在核心地区大和而是在筑紫举行了即位仪式。因此实际情况大概是，他于天智六年返回大和，主持了葬礼并与大和的豪族们周旋，花费了一年的时间，终于在天智七年正月举办了正式的即位仪式。或许正是因为如此，天武才在后来修撰《日本书纪》时要求把天智举办正式即位仪式之前的情况记为"称制"吧。

# 迁都近江

存在这样一点疑问：如果天智在天智六年（667）就返回了大和，为何没有立即举行即位仪式呢？实际上，《日本书纪》中关于天智六年的记述很少，因此具体情况无法确知。不过，迁都近江是一件大事，仅此一事，即使有一年的准备时间也嫌短。然而史料中只是记载了同年三月十九日"迁都近江"，完全没有关于宫廷选址等事的记述，可见这次迁都显然是突然决定的，因而出现"天下百姓不愿迁都，讽谏者多，童谣亦重"的情况也就理所当然了。从"日日夜夜失火处多"来看，这已经不是简单地宣扬反对言论了，而是伴以直接行动的反对。尽管有这些各种各样的反对言行，天智仍然果断迁都近江。

那么，为什么非迁都近江不可呢？

关于这一点，历来的研究都认为，倘若遭到唐军入侵，大和由于离前线太近，政府容易发生危险，为了避免发生这种情况而迁都近江。直木孝次郎在《日本的历史2　古代国家的建立》（『日本の歴史2　古代国家の成立』）一书中有如下论述：

> 我想国防上的目的大概是主要因素。从濑户内海的终点难波出发，近江位于更加深入的位置。而且，大津通过琵琶湖前往东国和北陆地区的交通很便利，在面对西边而来的攻击时，是比大和安全得多的地方。当时的日本，还未能解除对于唐朝的警戒心。（第321～322页）

但是，滋贺县与奈良县相比，两者究竟能有多大的距离差和安全感上的不同呢？另外，这种观点也无法解释大和朝廷逃往东国或北陆有什么意图。关于距离问题，《新修大津市史1》（『新修大津市史1』）提出了如下见解：

> 从实际距离来说，大和与近江大津相比未必

有多大的区别。不过，即使如此，相比于从濑户内海出发越过生驹山脉即可抵达的大和，需要从大和出发再翻过几重山才能到的近江与此有相当大的差别，最重要的是，在古代贵族们的军事意识、防御意识中，大津地区具有强烈的安全感。（第182页）

这种说法在针对具体的距离差提出了批判性意见的同时，以近江大津在时人意识中具有"安全感"这种观念式的论调作为总结。后来，篠川贤也认为：

近江是畿外之地，中大兄理当预测得到将宫廷迁往此处必会招致反对。尽管如此，他究竟缘何要迁都大津呢？虽然学者们提出过各种各样的解释，但最主要的目的果然还是对外防御吧。大津地区邻近琵琶湖，是军事、交通上的要地。（『日本古代の歴史②飛鳥と古代国家』第187页）

在这里，篠川贤没有触及距离问题，最终仍是主张"对外防御论"。

然而，从大津宫的推定位置来看，可知其地理条件并不适合军事防御。这是一片夹在琵琶湖和比叡山之间的狭窄区域，一旦遭到进攻，很难坚守（见图4-1），难以被称为军事要冲。迁都近江更像是政府从位于平原地区的飞鸟被赶到了山、湖所夹之地。居住于飞鸟的氏族反对迁都之事也是理所当然的了。胡口靖男在《近江迁都的猜想》（「近江遷都の構想」）一文中提出：

> 围绕大津宫所在地是否位于琵琶湖西南岸某处，自江户时代以来就存在长期的论争。根据近年来的挖掘调查，大津市的锦织地区被视为最可能的位置。不过，这一地区是夹在琵琶湖和比叡山之间的狭长倾斜地形，而且有海拔高低之差。因此，不可能大规模建设构造整齐的宫殿，以至于挖掘调查的结果也显示大津宫的营建规模较小。（第260页）

很显然，大津从地理上来说不是适合建造宫殿的地区。

再者，以战斗失败为前提布置防御设施，这点是很矛盾的。正如笔者所认为的，如果大友王子等人签署投降协定，完成了战后处理事宜，迁都近江防御论就说不通了。也就是说，迁都近江只能是出于对外防御以外的理由。

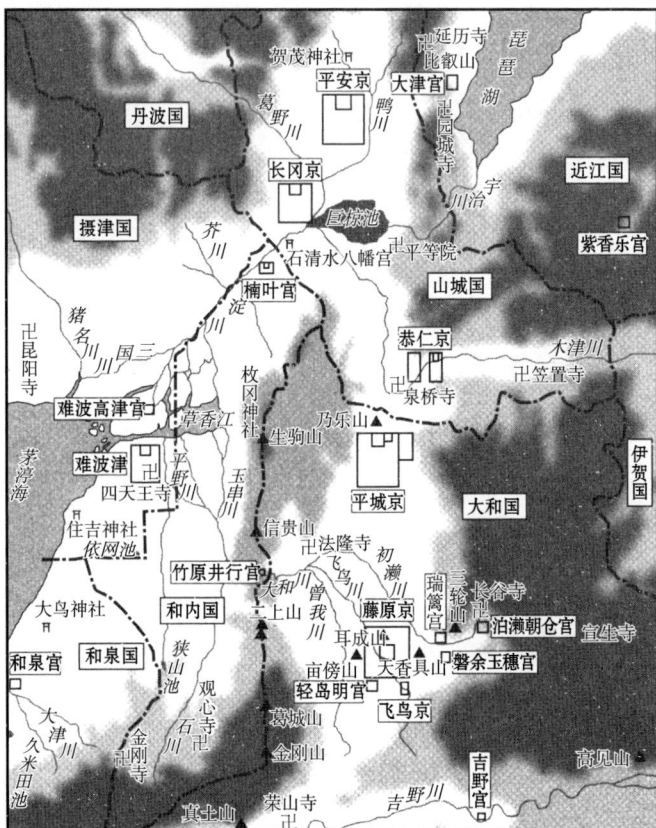

图 4-1　大津宫周边地图

资料来源：据林博通著《古代考论　宫都的挖掘》（『古代を考える宫都発掘』）一书的《大津宫》（「大津宫」）一文中的原图改制而成。

另一方面，胡口靖男关于迁都近江一事还有如下一些想法：

> 这次迁都近江，是基于脑海中所描绘的高句丽人迁都的理想模型，而以近江一国整体作为像高句丽的山城那样的避难之城，试图凭此渡过危机，如此远大的构想——姑且称之为"近江国要塞化"——是以流亡的百济人为中心构思出来，由中臣镰足推进实施的。可以认为这一推测符合史实的概率很高。（前揭论文，第263页）

也就是说，胡口靖男认为迁都近江是出于防御性、军事性的目的，而这是以轻视大和朝廷以外的日本人的生命为前提的构想，其在本质上认为只需救助逃入近江京的豪族们即可，而无论其他地区的人们会有怎样的遭遇也无所谓。尽管无法想象如此做法出于天智等人之手，但如果多少符合史实的话，这样的朝廷的存在意义会遭到质疑，进而被日本的人们所抛弃。即使大和朝廷之中有再多的权力斗争，倘若权力者们只考虑自身安危——这无疑是最低劣的行径——可视之为难逃亡国命运的王朝吧。另外，逃入避难之城后，又如何打算呢？这一点也无从得知。在周边地区都被敌军包围的情况下，只能兵尽粮绝而亡。

从一开始在防御论的观点中，近江迁都所展现的就是一种逃命的姿态，而绝对无法想象这是要与大唐决战的态势。不如说，更应该思考的是，近江京所处的狭小区域到底意味着什么，为何从原本的大和国飞鸟地区迁往更加狭小、水运也不是很便利的大津。

这样毫无益处的迁都究竟意味着什么呢？

答案大概只有一个。

恐怕没有喜欢往地理条件恶劣的地区迁都的大王吧，而且是在无论豪族还是人民都强烈反对的情况下还要断然实行迁都。之所以这样做，只能是由于被其他势力强迫，除此之外别无可能。而能够拥有如此强制力量的，也只能是作为战胜国的大唐了吧。

虽然是遥远后世的事，第二次世界大战后的驻日盟军总司令部设置于东京。在被占领国的首都设立占领军总司令部是普遍做法。百济被灭亡后，大唐也将都督府设于其旧都公州（熊津城）。根据郭务悰一行的考察，大唐估计也得出了日本同样照此办理的结论吧。

大概天智从郭务悰或刘德高那里得到了"大唐的占领军总司令部将设置于大和国飞鸟地区，请尽快进行交接工作"之类的指示吧。

因此，可以认为，真实情况并非迁都近江，而是让出飞鸟京，被强制迁往近江。《日本书纪》天智六年（667）八月的记载中，有"八月，皇太子幸倭京"一语。天智为何去大和的飞鸟京呢？这是在迁都近江仅仅五个月之后的事，但《日本书纪》没有任何解释，只是简短地记述了行幸而已。可以说这也是一条不可思议的记载。然而，在三个月之后的同年十一月，有开始于大和国修筑高安城的记载。行幸与筑城这两件事之间或许存在某种关联。

如前文所述，熊津都督府于十一月派出法聪与境部连石积前往筑紫。如果高安城在作为通信联络用的山城的同时，还被期以承担监视大和与河内的作用，很可能唐朝的官员们已经来到飞鸟京，而天智正是为了与他们会面商谈才行幸大和的。

## 大和地区豪族们的不满

关于迁都近江所招致的不满，《日本书纪》只记载了"不愿迁都，讽谏者多，童谣亦重"这短短的一句话，不过实际情况到底是怎样的呢？

虽然大和的豪族们知道战败的事实，但如果不是实际目睹了那场战争，而在战后初期既没有听说唐军的情报，也完全没有应对大唐使者的经验，他们无疑会与正在博多的那津宫进行外交交涉的天智等人产生态度上的分歧吧。可以想见留在大和的大海人也是同样的状况。

笔者推测，大海人是作为留守大臣的角色而留在大和飞鸟宫的。之所以这么说，是因为考虑到既然齐明大王与中大兄都已前往筑紫，按理必须有王室的某位强力人物担负起留守的责任，而大海人正是最合适的人选。一般观点认为大海人陪同太田王女一起前往筑紫，但这样的说法绝对无法成立。相比于此，如果以齐明的立场来看，既然中大兄已经随行，那么大海人作为自己的另一个儿子，也是第二值得信赖的人，不让他留守的话恐怕难以安心。齐明曾经在前去纪伊国牟娄温泉期间，经历了留守的有间王子的叛乱事件。基于这样的经验，她应该很清楚安排合适人员留守京城的重要性。

如果像这样考虑的话，承担留守重任的大海人与留在大和的豪族们，对于从筑紫返回的天智等人所施行的政策一定有种种不满。想必不管听闻多么详细的解释，两者之间的分歧也很难消除。

在得知战败的消息之后，对大和的豪族们而言，在筑紫进行的处理事宜都是在没有与他们商量的情况下陆续推进的。当然，对于大唐使者给筑紫的天智等人带来了过分的要求这件事，他们也能理解，但从感情上来讲，大概就是自己置身事外的情绪更强烈了吧。

不过，实际上天智等人的遭遇更加悲惨。随渡来船归国的日本士兵们想必人人带伤，尽管想方设法回到了祖国，但身上遍布刀伤、枪伤、箭伤，甚至还有损伤了手足的兵士。天智等人无法忽视这些，而且还得从他们那里得到重要的消息。他们一定也得知了亲信将领们生前最后时

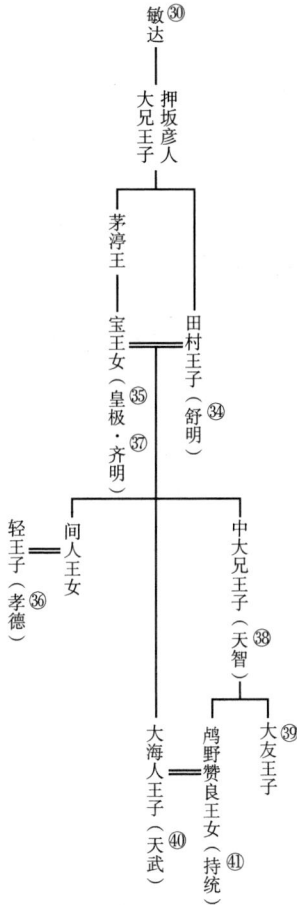

**图 4-2 日本王室系谱（天智前后的部分）**

刻的情况了吧。尽管如此，天智等人必须与杀伤了大量日
本兵的仇敌进行战败后的交涉，身处大和的豪族们是无法
体会这种痛楚的。

165

**天智天皇的日本**

　　大唐的政策以筑紫为起点逐步实施，日本也接收了百济逃亡者。而天智等人刚一返回大和，就立即被要求迁都近江。如果真是这样的话，即使大和的豪族们心怀不满也是无可奈何的事。何况这些事都是遵照大唐的指令执行的，谁也不敢违抗，正因为大和豪族们很清楚这一点，所以也就只有把天智等人当作发泄不满的对象了。

　　从天智七年（668）五月五日条的记载中可见天智等人于蒲生野狩猎采药之事：

　　　　五月五日，天皇纵猎于蒲生野，于时，大皇弟、诸王、内臣及群臣皆悉从。

　　这是发生在迁都近江一年又两个月之后的事。无从知晓到底有谁在飞鸟京，而大唐来的官员们又是怎样生活在飞鸟京的。不过，被迫迁入狭小的大津京的天智等人，定然感受到了豪族们的不满情绪。这次蒲生野的狩猎采药之行，大概就是为了多少消解一些这种不满而举行的。关于当时的情况，《万叶集》里有两首很有名的和歌（卷1第20、21首），即额田王歌曰"紫茜围禁场，君马正徜徉。应避守人目，且忧君袖扬（あかねさす　紫野行き　標野行き　野守は見ずや　君が袖振る）"，而后大海人王子答曰"紫茜清芬溢，如若怨萧娘。何至他人妇，幽情

断我肠（紫草のにほへる　妹を憎くあらば　人妻ゆゑにわれ恋ひめやも）"。

然而，这样的缓和策略似乎并没有成功。《藤氏家传》大臣固谏条有如下记载：

> 帝召群臣，置酒浜楼，酒酣极欢。于是，大皇弟以长枪刺贯敷板，帝惊大怒，以将执害。大臣固谏，帝即止之。

也就是说，在天智举办的酒宴上，大海人持枪而出，刺穿地板。经中臣镰足的劝解，天智的怒气才得以平息。《藤氏家传》中并没有写明此事发生的原因，而《日本书纪》连这件事都没有记载。据《怀风藻》序文中的"旋招文学之士，时开置醴之游"，也可印证天智开设酒宴之事。

只是，像这样吟咏汉诗的活动恐怕起到的是反效果吧。在不得不服从大唐羁縻政策的状况下，举行中国式诗歌舞乐的酒宴，或许只会越发刺激大海人等人。可以认为，正是如此愤懑之情催生了反对天智的势力，奏响了壬申之乱的序曲。

再将目光转向近江这片土地。天智四年（665）二月从百济逃来的亡命者男女四百余人被移居到了近江国的神前郡。大概从那时起，近江就已经被纳入迁都目的地的候选了吧。壬申之乱以后，大海人将京城迁回飞鸟，从这件事可以看出大海人势力对大津京的反感有多么强烈。据此也可想象得到，迁都近江不会是天智出于自身意愿做出的决定。

# 新罗使节来访

为何在天智七年（668）九月之后，《日本书纪》中新罗使节来访的记载频繁出现？我们先来看天智七年至八年的相关记述：

A. 秋九月壬午朔癸巳（十二日），新罗遣沙喙级飧金东严等进调。

B. 丁未（二十六日），中臣内臣使沙门法弁、秦笔，赐新罗上臣大角干庾信船一只，付东严等。

C. 庚戌（二十九日），使布势臣耳麻吕，赐新罗王输御调船一只，付东严等。

D. 十一月辛巳朔，赐新罗王绢五十匹、绵五百斤、苇一百枚，付金东严等。赐东严等物，各有差。

E. 乙酉（五日），遣小山下道守臣麻吕、吉士小鲔于新罗。是日，金东严等罢归。

F. 是岁，沙门道行盗草薙剑，逃向新罗，而中路风雨，荒迷而归。

G. 八年春正月庚辰朔戊子（九日），以苏我赤兄臣，拜筑紫率。

H. 九月丁丑朔丁亥（十一日），新罗遣沙飡督儒等进调。

一见可知，从天智七年九月到八年九月，仅仅一年间出现了七条关于新罗的记载。而自日本在白村江战败以来，新罗此前几乎从未直接介入日本之事，与其说此时突然开始积极地展开对日本的外交活动，倒不如说是受大唐委任对日本实施羁縻统治。

天智究竟是如何应对大唐、新罗的局势变化的呢？

天智基本上把白村江的战败理解成是败于唐军了吧。不过，既然日本是以支援百济复国的形式派兵，那么可以想见，对新罗也同样宣战了。然而，战败后，只有大唐的使节来到日本，却没有从新罗而来的使者，天智应当是感到可疑的。

当然，关于新罗与大唐的关系，根据逐渐传入日本的情报，他们可以了解到大体情况，进而一直到高句丽战争结束之前，也理应知道大唐和新罗组成联军、共同进行军事活动之事。只是，日本一定很想了解新罗今后的策略。新罗是打算彻底追随大唐，抑或是到了某个时期就与大唐划清界限，其不同的选择也将改变日本的未来。

在天智正在考虑这些问题之际，金东严来到了日本。

九月十二日金东严抵日后，中臣镰足于同月二十六日赠送金庾信"船一只"，同月二十九日，天智亲自赠送文武王"船一只"。从"付东严等"的记载看来，前后两只船都交付给了新罗使节金东严。

继而在十一月一日，朝廷又委托金东严转赠文武王绢五十四、绵五百斤、苇一百枚。显然天智在试图构筑与新罗的友好关系。当然，在此阶段，他采取的应该还不是完全站在新罗一边的外交方针。

这大概是基于与金东严的会谈而在大唐与新罗之间保持平衡的一种外交模式，即不仅仅是服从于正在渐渐推行羁縻政策的大唐，对另一个战胜国新罗也尽到礼数，与其展开协调外交，力图给新罗留下极佳的印象。

即便如此，所谓赠船两只之事，也可以理解成对新罗的军事援助。显露了天智意图的是上文 F 是岁条所记载的沙门道行的奇怪行动。在这里再次引用这条史料如下：

> 是岁，沙门道行盗草雉剑，逃向新罗，而中路风雨，芒迷而归。

这件事很唐突地出现在《日本书纪》中，对其缘由和结果都毫无记载。恐怕原本书纪中是有记录的，但后来都被删去了。

佛门的道行盗窃草雉剑，意图逃往新罗，却在途中遭遇风雨，迷路而返，这则史料的内容显然超出了正常可以理解的范畴。沙门道到底是何人，又从哪里盗来了草雉剑，为何以新罗为目的地，返回后又遭到了怎样的惩罚，这些一概不清楚。

所谓草雉剑，即后世三神器之一。这是由须佐之男从八岐大蛇的尾中取出，因倭建命在遭遇火灾时以之割草脱险而得名的宝剑。这把传说中的剑被安放于何处，是天皇所居的宫中还是热田神宫？这也是个问题。不管是在哪里，为何道行可以轻易盗得宝剑，又出于什么目的而盗剑呢，这些都是问题。

而且，竟然没有对偷盗宝剑的道行进行处罚的记载，这点很不可思议。倘若盗出了三神器之一，即使归来也不该不了了之。也很难想象神器是被若无其事地返还的。另外，首要的问题是，为何在书纪中必须记载这件事。

关于此事，《热田神宫缘起》有如下记述：

> 新罗沙门道行，盗此神剑，将移本国，窃祈入于神社，取剑裹袈裟，逃去伊势国。

这条史料把沙门道行记作新罗国之人。在热田神宫，现在也有一处名为"清雪门"，在那里的解说板上这样写道：

> 此门据传原是本宫的北门，俗称"不开门"，一直都是紧闭的状态。因天智天皇七年（668）之事，供奉于皇居的神剑于朱鸟六年（686）再次被弊神宫收藏，自此以后，大门便被关闭，不再开启。

可以感觉得到，对于将草薙剑视作神宝的热田神宫而言，天智七年的宝剑被盗事件相当令人震惊。不过，实际上很难断定宝剑确实被偷盗过。

想要合理地解释这件事的记载，需要非常丰富的想象力。

也许草雉剑是被献给新罗的。被献出的这把草雉剑是不是真的王室家传原物这一点另说，总之作为王室神器之一的宝剑是武力的象征。也就是说，献上草雉剑意味着移交军事力量，这件事代表着日本将军权委托给了新罗。尽管新罗也是战胜国，但不可能对日本提出交出军权这种程度的要求。然而，实际状况是，大唐在日本设置了都督府，又于各地陆续建造作为联络设施的山城。日本大概是为了私下对新罗表达支援之意而献出宝剑的吧。也就是说，日本并非真的移交军权，而是表示支援新罗之心意而将宝剑献上的。或者，可能是作为确认对白村江之战中成为新罗俘虏的日本士兵拥有军事指挥权的凭证而计划献上宝剑的吧。也就是说，日本可能是想通过此举承认新罗将俘虏的日本兵投入到对唐朝的战争中去。

但是《日本书纪》是后世编纂的文献，由于流亡的百济人参与了编修，故而可以想见他们不会带着正面的感情去记述与新罗有关的事件。另外，从天武天皇对编纂的干涉来看，也必须考虑天智朝的记载被篡改的可能性。因此，不可能写明天智朝为了对新罗表示移交军权之心意而献出宝剑一事。最终为了掩饰献上草雉剑之事，而伪造了沙门道行盗窃事件，而且以道行"中路风雨，芒迷而归"的记述来模糊处理草雉剑是否被送到新罗的真实情况。

再者，紧接着这次道行盗窃事件之后，天智八年（669）正月的人事变化中有"以苏我赤兄臣，拜筑紫率"，即天智任命苏我赤兄为筑紫率。后来在天智十年组建大友王子政权时，赤兄被任命为左大臣，由此看来赤兄是天智的心腹。所以，赤兄被任命为筑紫率并非左迁，而是出于强化筑紫方面人事安排的目的。

关于筑紫率，天智七年七月条载"以栗前王拜筑紫率"，仅仅在六个月之前，栗前王刚被任命为筑紫率。所谓筑紫率，是筑紫大宰府的主帅。假如大唐已经设置了筑紫都督府，那么其与筑紫大宰之间的关系如何尚不明了，大概日本原先设置的筑紫大宰也仍旧存在吧。既然天智等人已经从那津宫返回飞鸟并迁都近江，那么，必然需要代替天智在那津宫主持与大唐继续外交交涉的人才。当时筑紫正在修筑大野城、基肆城，水城的建设应该也在进行之中。显然不可能把所有的事情都交予唐人或原百济官员来负责。即便是战败国，由于是本国内部之事，理应随时掌握筑城的进展情况。栗前王被任命为筑紫率是在新罗使者金东严来日本之前，或许是为了应对其抵日后日罗关系的变化而重新任命了苏我赤兄。

随后，金东严在归国之际并非一人独自返回，而是与日本方面的送别使臣小山下道守臣麻吕和吉士小鲔二人同行。考虑到《日本书纪》中极具本国中心主义的表现手法，可以说此处的写法实际上体现了对新罗相当程度的阿谀奉承之态。

以上情况应该是基于某些缘由的。为了探明其缘由，就需要考虑天智七年（668）这一年份的意义。

## 高句丽的灭亡

668 年正是高句丽亡国之年。

下面用几条史料来佐证这件事。首先，《旧唐书》卷5《高宗本纪》（下）乾封元年（666）六月壬寅条可见高句丽渊盖苏文之死：

> 六月壬寅，高丽莫离支盖苏文死。其子男生继其父位，为其弟男建所逐，使其子献诚诣阙请降，诏左骁卫大将军契苾何力率兵以应接之。

渊盖苏文是统治高句丽的独裁人物，在他死后，诸子之间旋即爆发了即位之争。唐高宗很快抓住时机，令契苾何力出兵。

> 冬十月己酉，命司空、英国公勣为辽东道行军大总管，以伐高丽。

进而自同年十月，大唐再次开启了远征高句丽的军事行动。虽然在渊盖苏文死后，其子男生继位，但男生与其弟男建之间互相倾轧。对大唐来说，支撑着高句丽的渊盖苏文之死意味着讨伐高句丽的大好时机。同年十月，大唐迅速地任命李勣统军以征讨高句丽。

原本唐朝应新罗之请灭亡百济，就是计划在远征高句丽时得到新罗协助，补给武器、军粮，更试图将新罗的军事力量也投入到对高句丽的战争中去。而这一次，正是达成本来目的的好机会自己送上门来。

高宗在乾封三年（668）正月壬子任命刘仁轨为辽东道副大总管，担任李勣的副手。《三国史记·新罗本纪》文武王七年（667）七月条载：

> 高宗命刘仁愿、金仁泰从卑列道，又征我兵，从多谷、海谷二道，以会平壤。

刘仁愿奉高宗之命，不得不与新罗的金仁泰一同率军向平壤进发，暂停了在百济推行羁縻政策一事。《新罗本纪》文武王十一年七月条记载，金仁泰在给文武王的书

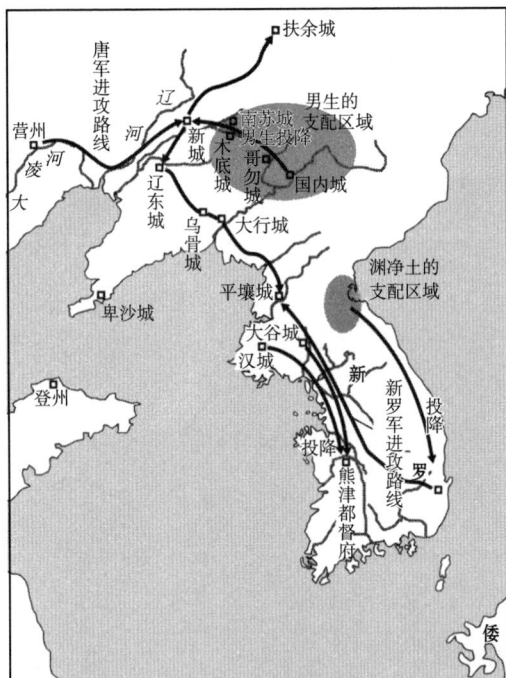

**图 4 – 3　高句丽诸城及其灭亡前夕的朝鲜半岛战况**

资料来源：据卢泰敦所著《古代朝鲜　三国统一战争史》
（『古代朝鮮　三国統一戦争史』）一书中的原图改制而成。

简中署名"弟仁泰"，由此可知其为文武王之弟。也就是
说，文武王有一位死于文武王五年（665）的庶兄文王，
以及仁问、仁泰两位弟弟。

总之，以下列出白村江战后唐军的动向，以把握唐朝
的基本政策：

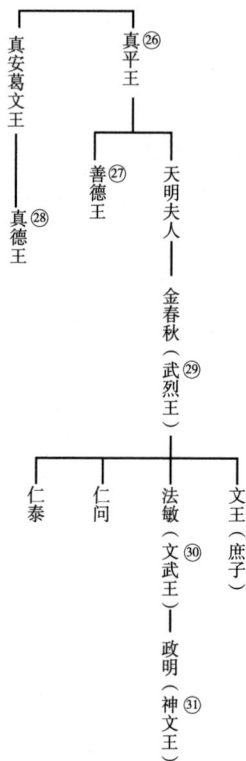

**图 4-4　新罗王室系谱（文武王前后部分）**

龙朔三年（663）年　　四月，大唐于新罗置鸡林州都督府，以金法敏为都督。

九月，孙仁师、刘仁愿归国，以刘仁轨留镇百济，进而授以带方州刺史。

麟德元年（664）年　十月，以扶余隆为熊津都督。

麟德二年（665）年　八月，刘仁愿、扶余隆与金法
　　　　　　　　　　敏于熊津城订立盟约。

　　　　　　　　　　同年，刘仁轨率新罗、百济、
　　　　　　　　　　耽罗、倭国使节参加泰山封禅
　　　　　　　　　　大典。

乾封元年（666）年　六月，高句丽渊盖苏文去世，
　　　　　　　　　　其子男生继承莫离支之位。大
　　　　　　　　　　唐令左骁卫大将军契苾何力率
　　　　　　　　　　兵前往高句丽。

　　　　　　　　　　十月，任命司空英国公李勣为
　　　　　　　　　　辽东道行军大总管，讨伐高
　　　　　　　　　　句丽。

乾封二年（667）年　九月，李勣攻取高句丽的新城。
　　　　　　　　　　薛仁贵攻破南苏、木底、苍严
　　　　　　　　　　三城，与男生会面。

总章元年（668）年　正月，以右相刘仁轨为辽东道
　　　　　　　　　　副大总管兼安抚大使、浿江道
　　　　　　　　　　行军总管。

　　　　　　　　　　二月，唐军与高句丽军五万人
　　　　　　　　　　战于辽东道薛贺水，斩首五千
　　　　　　　　　　级，俘获三万人。

> 九月，李勣攻陷平壤，俘虏宝
> 藏王男建归国。
> 十二月，大唐于平壤置安东都
> 护府，以薛仁贵为都护。

由上文可以确知，唐朝在 665 年之前相继将百济、日本纳入羁縻统治之后，于 666 年获知渊盖苏文之死后即正式着手征讨高句丽。唐朝看似施行两线政策，实际上在三线甚至四线同时展开活动。664 年武则天罢上官仪开始垂帘听政，670 年为了确保丝绸之路的安全而与吐蕃交战，遭遇战败。拥有庞大领土就意味着与多个国家接壤，就有必要与这些国家进行外交往来。可以说这基本上是大国经常遇到的问题。

关于唐朝全力投入征讨高句丽一事，《新罗本纪》文武王六年（666）十二月条有详细的记载：

> 冬十二月，唐以李勣为辽东道行军大总管，以司列少常伯安陆郝处俊副之，以击高句丽。高句丽贵臣渊净土以城十二、户七百六十三、口三千五百四十三来投。净土及从官二十四人，给衣物、粮料、家舍，安置王都及州府。其八城完，皆遣士卒镇守。

以李勣（594—669）为辽东道行军大总管、郝处俊（607—681）为副总管的高句丽远征军顺利取得战果，高句丽贵族渊净土带领十二座城、三千五百四十三人投降。在此之后，大唐将新罗军也编入麾下，陆续攻陷高句丽诸城，终于在总章元年（668）灭亡了高句丽。

李勣就任辽东道行军大总管时已七十三岁，三年后去世，应该说是一名老将了。据《旧唐书》卷 67 列传17，他出身于今山东省的曹州离狐，十七岁投身义军，后加入李渊军中。本名徐世勣，由李渊赐姓"李"，李世民即位后改名李勣。李勣活跃于唐初的全国统一战争中，深得太宗李世民信赖。太宗晚年因忌惮他的才能，将他贬为叠州都督，以测试他的忠诚。李勣毫不犹豫地赶赴任地，因此被高宗召回，升任中书门下三品（宰相），成为朝廷重臣。立武则天为后之际，高宗曾与李勣商谈。李勣回答称"这只是陛下的家事"，提示了高宗立后的说辞，因此后来成功躲过武后的肃清。李勣大概是因受到高宗的信任而被任命为辽东道行军大总管的，但考虑到他的年龄，我们不禁怀疑高宗此举是否有将其从宫廷中排挤出去的目的。

据《旧唐书》卷 84 列传 34，郝处俊出身安州安陆，传闻好读汉书，几乎达到了能够背诵的地步。被拜为甑山县公，后来辞官归农，但是再次被任命为太子司议郎，就任吏部侍郎，乾封二年（667）晋为司列少常伯，成为高句丽远征军的副官。列传记载郝处俊兵临高句丽城下时，在大军尚未完成布阵之际便遭遇高句丽军的攻击，唐军陷入大骚动。但郝处俊"独据胡床，方餐干糒，乃潜简精锐击败之"，立下大功，"将士多服其胆略"。可以说他也是才能出众的军人。

另外，在史料中留存有许多郝处俊谏言高宗的轶事，其中之一是上元三年（676）之事。当时高宗因风疹恶化而欲让武后摄政。对此，郝处俊谏止道："尝闻礼经云，'天子理阳道，后理阴德'（中略）各有所主守也。陛下今欲违反此道（中略）况天下者，高祖、太宗二圣之天下，非陛下之天下也。陛下正合谨守宗庙。（后略）"中书侍郎李义琰也深表赞同，于是高宗称"是"，取消了计划。这是足以窥见郝处俊为人严谨正直的佳话，但他也因此被武后记恨，其孙郝象贤在武则天以太后身份把持朝政时期被杀。

另一方面，渊净土是高句丽的贵族，其子安胜于文武王十年六月被率领高句丽遗民在穷牟城发起叛乱的牟岑大兄推戴称王。后来他们逃往新罗，表达了忠顺之意，被安置于新罗西部的金马渚（今全罗北道益山市金马面）（《新罗本纪》第六）。文武王在同年七月派出沙飡须弥山，正式任命安胜为高句丽王。新罗并无使高句丽彻底亡国的意图，而是让其成为属国，以这种形式延续其国祚，由此显示了对高句丽遗民的怀柔态度。从此处可以觉察到新罗试图统一朝鲜三国，从而以一个整体对抗大唐的计划。

郭务悰在初次抵达日本后，最终于天智三年（664）至八年（669）间带来了多达两千人的驻留军团。可以认为，天智三年郭务悰赴日是为了了解战败国日本的现状并作为战胜国提出各种要求。在那之后，大唐一方面循序渐进地向日本持续派遣使节，进行在日本推行羁縻统治的准备工作，另一方面或许也在准备着对高句丽的战争。

结果，大唐于 668 年灭亡了高句丽，终于有余力在日本正式施行羁縻政策，派出了两千多人的军团驻守日本。《日本书纪》天智十年（671）正月条记录的对法官等官职的人事调整，可以理解为大唐进一步推进日本羁縻化的产物。

高句丽亡于莫名其妙的内讧。渊盖苏文死后，成为继承者的男生为了施行国政而巡视国内各个地区，即所谓新任莫离支的露面之行。在这期间，有人接近其弟男建与男产，进言道"你们的兄长男生正考虑除掉你二人，所以应当先下手为强"。与此相对的是，在男生那里，也有人劝告道"你那两位弟弟因害怕你归来而不打算让你进入

王都"。因为发生了这样的事，双方相互猜疑，最终事态
发展为次弟男建自立为莫离支，讨伐男生，男生不得不向
大唐求援的地步。

渊盖苏文健在之时，大唐对高句丽的进攻并不顺利。
故而这样的事态对大唐来说无疑是绝佳的时机。于是高宗
立刻接受了男生的请求，委任其为特进、辽东都督兼平壤
道安抚大使，封玄菟郡公。

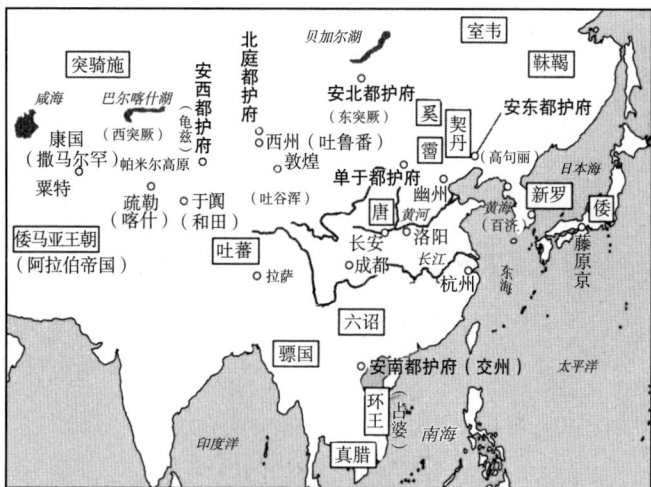

**图 4 - 5　7 世纪后半叶的亚洲世界**

资料来源：根据《新历史群像丛书⑱　大唐帝国》（『新・歴史群
像シリーズ18　大唐帝国』学習研究社）的原图制成。

不清楚在高句丽内部究竟发生了什么以至于爆发如此
内乱。《高句丽本纪》只是记载了谜一样的人物出现在双

方面前，从而使他们互相猜疑。简单来看，这或许是大唐发起的心理战术。当时正处于高句丽与大唐交战的紧要时刻，很难想象这是为了让高句丽人互相攻击而实施的战略，不过也不能说绝对不可能。在战争中发生什么样的事情也不奇怪。事实上更不可思议的是男生在被两位弟弟追杀时居然计划逃向大唐。

这一年八月，新罗文武王与原百济国王子扶余隆在刘仁轨的指示下，于熊津地区的就利山举行了会盟。可以说，这是大唐在全力展开对高句丽的讨伐之前，为了使新罗和原百济国双方的军事力量也能够毫无隔阂地投入到高句丽之战中而做的准备。

乾封三年（668）九月，高句丽宣告亡国。《旧唐书》卷5《高宗本纪》（下）有如下记载：

> 九月癸巳，司空、英国公勣破高丽，拔平壤城，擒其王高藏及其大臣男建等以归。境内尽降，其城一百七十，户六十九万七千，以其地为安东都护府，分置四十二州。

男生投降之后，唐军比较顺利地取得了远征的胜利。同时也可看出，大唐在灭亡高句丽的同时即置都护府，与灭百济时一样准备推行羁縻统治。

# 新罗军的动向

文武王八年（668）新罗军的动向很耐人寻味。据《新罗本纪》的记载，同年六月十二日，刘仁轨奉高宗之命，为了邀请新罗发兵而前往党项津（京畿道华城郡南阳面），文武王派角干金仁问以大礼迎接刘仁轨一行。金仁问是年龄仅次于文武王的弟弟，两人都曾在年轻时前往大唐，侍奉于高宗侧近。因此金仁问对于接待刘仁轨等人无疑是得心应手的。

稍叙闲话，为何日本的王室没有派过王子留学中国呢？从3世纪邪马台国时代以来，日本就一直与中国的王朝保持联系，在文化上多有汲取。在这样漫长的历史中，日本的朝廷显然认为很有必要与中华帝国和朝鲜半岛进行外交才是。在文献记录上，正式的国交或许是直到日本派出遣隋使时才建立的，但从实际的金属器文化等考古发现来看，两国之间一直存在丰富的交流。

那么，至少在隋朝建立之后，日本即使派出王子前往中国也并不奇怪。厩户王子（圣德太子）身处的上宫王家就很开明，对大陆文化怀抱着憧憬之情，厩户王子等人前往隋朝留学也不是没有可能的。如果是王室的人去留学，就会有很多随行者一同前往中国，学习中国文化和制度的人自然也会大大增加。如此一来，在把是否援助百济复国的讨论提上日程时，或许会有不一样的决断。从这个意义来说，中臣镰足让其子定惠去大唐留学，可以说是非常自然的决定了。

回到原本的话题上，在同年六月二十一日，文武王响应大唐的邀请，公布了对高句丽作战军队的编成。军队编成如下：

大总管：大角干金庾信

大幢总管：角干金仁问、钦纯、天存、文忠，迊湌真福，波珍湌智镜，大阿湌良图、恺元、钦突

京停总管：伊湌阵纯、竹旨

贵幢总管：伊湌品日、迊湌文训、大阿湌天品

卑列道总管：伊湌仁泰

汉城州行军总管：迊湌军官、大阿湌都儒、阿湌龙长

卑列城州行军总管：迊湌崇信、大阿湌文颖、阿湌福世

河西州行军总管：波珍湌宣光，阿湌长顺、纯长

誓幢总管：波珍湌宜福、阿湌天光

剡衿幢总管：阿飡日原、兴元[①]

仅从这次的军队编成来看，的确是规模很大的部队。

翌二十二日，从熊津都督府的刘仁愿处传来了高句丽大谷城（今黄海道平山郡平山面）、汉城（今黄海道载宁郡载宁邑）等二郡十二城归降的消息，文武王迅即派出一吉飡真功前去祝贺。于是，金仁问、天存、都儒等人率七郡及汉城州之兵作为别动队，开向大唐军营。

文武王离开新罗都城庆州前往大唐军营是在五天后的六月二十七日。然而，二十九日，文武王以金庾信病重为由，将身为大总管的金庾信留在了庆州，令其弟金仁问率军与大唐的李勣大军会合，向婴留山进发。《新罗本纪》的相关记载如下：

二十九日，诸道总管发行，王以庾信病风留京。

---

① 此处新罗军将领姓名前的大角干、伊飡等都是新罗骨品制下的位阶名称。骨品制是新罗的社会身份制度，“骨”意味着血统和家世，骨品即是用品位来表示出身氏族和血统的正当性，只是在新罗的王都施行的氏族序列制度，并不适用于地方。根据出身氏族的不同设置了五个等级的身份，王族位于最上层，称为真骨，其中父母都出身王族者则为顶级，称为圣骨。真骨以下的大小贵族依次为六头品、五头品、四头品，官职、婚姻、服饰、家宅等都由骨品所决定。文中出现的大角干、角干、迊飡、波珍飡、伊飡、大阿飡都属于真骨。——译者注

仁问等遇英公，进军于婴留山下（婴留山在今西京北二十里）。

秋七月十六日，王行次汉城州，教诸总管往会大军。文颖等遇高句丽兵于蛇川之原，对战大败之。

九月二十一日，与大军合围平壤，高句丽王先遣泉男产等诣英公请降。于是英公以王宝臧，王子福男、德男，大臣等二十余万口回唐。角干金仁问、大阿飡助州随英公归，仁泰、义福、薮世、天光、兴元随行。

初，大军平高句丽，王发汉城指平壤，次肹次城，闻唐诸将已归，还至汉城。

据此可知，文武王本人所率军队虽然抵达了汉城州，但不再有所行动，只是命令诸总管前去唐军处集结而已。只有卑列城州行军总管文颖一军与高句丽发生了遭遇战，而其他新罗军只是远远地包围平壤城，并没有参加战斗，就这样迎来了高句丽投降的九月二十一日。

只从九月二十一日的记述看来，虽然有英公李勣的动向，却没有新罗军进行了战斗的记载。文武王在听说了唐军已平定高句丽之后，才离开汉城前往平壤。不过，文武王的军队在抵达肹次城时，得知唐军几乎已经全部归国，文武王在听说此消息之后便引军返回汉城了。

**图4-6　庆州统一殿所挂的文武王像**

也就是说，在高句丽之战的最后阶段，文武王所率新罗军虽然是一支规模庞大的部队，但拖拖拉拉地没有抵达战场，致使实际上只有唐军与高句丽交战，而新罗军几乎没有参战便迎来了战争的终结。当然，在《新罗本纪》没有记载的战斗中，或许存在被编入唐军并参与了实际作战的新罗军。但可以说，新罗是以尽量不与高句丽交战为基本方针的。

在这里暗藏着指向不久将来的伏笔。

第一点是，新罗预备与大唐进行战争而尽力保存军队实力。

　　第二点是，新罗为了将高句丽的兵力纳入自己的军队而尽量避免与高句丽军直接交战，以缓和仇恨情绪。

　　以上这两点无疑正是新罗军所追求的战略。

　　新罗也陆续实施策略。九月十二日，在高句丽尚未最终亡国之前，文武王即已派遣沙喙级飡金东严等前往日本，并于同日抵达日本。考虑到从新罗到日本之间的移动距离，可能在七月十六日文武王大军陈兵于汉城以拖延时间时，文武王就已命金东严等人从庆州前去日本。

　　新罗曾经迫于百济南进的攻势而向大唐求援。在大唐的援军进入半岛后，似乎可以预见得到整个半岛都将被纳入大唐的支配。但既然新罗无力独自对抗百济，也就只能先利用大唐的军事力量来阻止百济南进了。然而在将百济置于羁縻统治之下后，倘若大唐接下来再取得征讨高句丽的成功，那么剩下的就只有新罗了。在不久之后大唐的统治会理所当然地将新罗也囊括其中了。如此一来，当初又何必为了阻止百济的侵略而引狼入室呢？

　　对于当时的新罗来说，能够生存下去的办法只有一个。

　　首先，利用大唐的军事力量消灭百济。但在大唐羁縻统治百济期间，尽量笼络百济的官员和武将，从而加强新罗自身的势力。在大唐着手征讨高句丽的阶段，尽力不参与对高句丽作战，保存新罗军的实力。进而收容高句丽的残党，使其成为新罗的势力，最终领有朝鲜半岛的南半部分，构筑能够与大唐对抗的势力。事实上，674年新罗就保护了高句丽的叛军。

新罗可能也考虑过对日本的策略。在百济已灭亡的现实情况下，对日本而言，新罗是最近的邻国。大唐没有指望战败的日本与其保持同步、采取反新罗的姿态。而在此之前，新罗自身也一直在表面上展现与大唐同进退的姿态。可是，在高句丽被大唐征服以后，新罗变成了大唐的对立面，对新罗来说，日本并非应该敌对的国家，而是应该拉拢的一方。故而，新罗必须积极地向日本派出使节，告知大唐意图将整个朝鲜半岛都纳入羁縻统治，隔海相望的日本也被包含在其中一事，使日本方面了解到新罗的立场。

# 第五章　通往律令国家之路

## 新罗的反唐政策

大唐在征讨高句丽时任命文武王为鸡林州大都督，并在新罗逐步推行羁縻政策，此时却发生了意想不到的事，即新罗的反抗。

当然，唐朝未必完全没有预想到新罗会反抗，但因轻视新罗的军事力量而疏忽大意也是不争的事实。

首先，文武王十年（670）六月发生了高句丽遗民的反抗事件。据《三国史记·新罗本纪》第六记载：

> 六月，高句丽水临城人牟岑大兄收合残民，自穷牟城，至浿江（今大同江）南，杀唐官人及僧法安等，向新罗行。至西海史冶岛，见高句丽大臣渊净土

之子安胜，迎致汉城中，奉以为君。遣小兄多式等，哀告曰：

"兴灭国，继绝世，天下之公义也，惟大国是望。我国先王以失道见灭，今臣等得国贵族安胜，奉以为君，愿作藩屏，永世尽忠。"

王处之国西金马渚。

也就是说，居于高句丽水临城（今京畿道长湍郡江上面临江里?）的牟岑纠合高句丽遗民，杀害了大唐官员和僧侣法安，逃往新罗。途中，在西海的史冶岛（今京畿道富川郡德积面苏爷岛?）与原高句丽大臣渊净土之子安胜相遇，推戴其为君主。进而他们向新罗王表达愿为新罗藩屏，向新罗尽忠之意，希望新罗承诺复兴高句丽王室。

虽然不清楚牟岑是何许人也，但《新唐书》卷220《东夷传·高句丽》中记为"钳牟岑"，《资治通鉴》卷201唐纪17则记为"剑牟岑"。《新唐书》叙述了总章二年（669），三万高句丽人被迁至江淮、山南之际，"大长钳牟岑率众反，立藏外孙安舜为王"，此处的"安舜"为宝藏王的外孙。因渊净土是渊盖苏文的弟弟，所以安舜（安胜）也很有可能是宝藏王的外孙。不过，《新唐书》记载"舜杀钳牟岑走新罗"，《资治通鉴》也记为

"安舜杀剑牟岑奔新罗",也就是说,安舜在杀害牟岑后前往新罗。尽管无法理解安舜为何要杀害立自己为王的牟岑,但这只是中国方面史料的记载,故而无法得知实情。

村上四男在《新罗与小高句丽国》(「新羅と小高句麗国」)一文中,将牟岑发起叛乱的最主要原因归结于唐朝无理的羁縻政策。村上四男指出,"即使在统治比较顺利的辽东地区,也是在 672 年才开始设置州县的",唐朝计划设九都督府、四十二州、一百县"不过只是纸上谈兵罢了",由于唐朝将"高句丽人中的三万户豪强迁往中国内地(江南以南、山南、京西诸州)的空旷区域,而让贫弱者留守辽东",故而高句丽遗民的愤懑之情难以抑制,以致轻易响应了牟岑的叛乱。

不过,关于安胜杀害牟岑的原因,村上四男也只提到"这可能是高句丽人之间反目成仇,抑或是新罗和牟岑之间对于是和是战的意见不统一的缘故",没有说明具体情况。

另一方面,卢泰敦在《古代朝鲜 三国统一战争史》(『古代朝鮮 三国统一戦争史』)一书中指出:

尽管发生矛盾的具体原因不得而知,但从前后动向来推测,剑牟岑等人主张以高句丽为根据地、以遗民为中心开展复国运动，与此相对，安胜则强调避开强大的唐军、移往新罗，进而与新罗军协同战斗。随着唐军施加的压力越来越大，双方的意见对立逐渐锐化，安胜终于在六月杀死剑牟岑、渡江前往新罗。（第 205 页）

然而，即使意见上产生分歧，也不能轻易成为杀害拥立自己之人的动机。卢泰敦的说法中并没有展现史料依据，所以不能够贸然肯定这一观点。可以说，此次事件与百济复国军的鬼室福信被其亲手拥立的余丰璋所杀之事非常相似。

总之，新罗文武王认可了安胜等人的主张，将他们安置在新罗西部的金马渚。这意味着新罗对灭亡了高句丽的大唐采取敌对行动。

再据《新罗本纪》记载，文武王于七月进攻百济国故土，攻陷六十三城。这已是明确发起军事行动了。接着同年八月，文武王把册命书交给安胜，其中写道：

咸亨元年岁次（670）庚午秋八月一日辛丑，新罗王致命高句丽嗣子安胜："公太祖中牟王，德比北山，立功南海，威风振于青丘，仁教被于玄菟。子孙相继，本支不绝，开地千里，年将八百。至于建、产兄弟，祸起萧墙，衅成骨肉，家国破亡，宗社湮灭，生人波荡，无所托心。（中略）先王正嗣，唯公而已，主于祭祀，非公而谁？谨遣使一吉飡金须弥山等就，披策命公为高句丽王。"

在文武王看来，曾经的大国高句丽是巨大的威胁，但如今的安胜等人已不再是新罗的敌人了。倒不如说，新罗接下来必须要与唐军一战，而安胜等人正是抵抗唐军的助力。对新罗而言，保护他们自然没有任何顾虑。相反，为了准备与唐交战，拉拢高句丽遗民站到自己这一方来才是上策。

从一开始，新罗就注意到唐朝意图在整个半岛推行羁縻体制。新罗是在清醒认识到这一点的基础上把大唐当作战略上的同盟军的。当某一时刻到来时，就必须与大唐分道扬镳，除了战斗别无他途。可以说安胜等人为新罗提供了开战的名义，很有利用价值。

实际的战斗始于第二年即文武王十一年（671）。让我们来看看《新罗本纪》的记载：

十一年（671）春正月，拜伊飡礼元为中侍。

发兵侵百济，战于熊津南，幢主夫果死之。

靺鞨兵来围舌口城，不克将退，出兵击之，斩杀三百余人。

闻唐兵欲来救百济，遣大阿飡真功、阿飡
□□□□兵守瓮浦。（后略）

夏四月，震兴轮寺南门。

六月，遣将军竹旨等领兵践百济加林城禾，遂与
唐兵战于石城，斩首五千三百级，获百济将军二人、
唐果毅六人。

秋七月二十六日，大唐总管薛仁贵使琳润法师，
寄书曰：行军总管薛仁贵致书新罗王。

战斗是从新罗进攻熊津开始的。在这场战役中，幢主
夫果战死。据《三国史记》列传第七骤徒条记载，幢主
夫果出生于沙梁部（今庆州市西岳里至塔里一带），是奈
麻聚福的长子。夫果在这场战役中被列为头功，可见战斗
之激烈。其弟骤徒与逼实二人也在这前后的战斗中阵亡。
之后，新罗与大唐派来的靺鞨兵交战，斩杀三百余人。唐
军让靺鞨兵做前锋，本军则驰援熊津。

在六月的战事中，新罗将军竹旨的部队在石城（今
忠清南道扶余郡石城面）击退唐军，斩首五千三百人，
俘获将军二人、果毅（折冲府副官，掌管军器资粮）六
人，展现了压倒性的优势。因此，大唐于秋七月命薛仁贵
为总管率军出战，并派琳润法师为使者，送书信给文武

王，试图劝和。

高句丽灭亡后，薛仁贵被任命为平阳郡公，在安东都护府治所营建新城，但在咸亨元年（670）大非川之战中败于吐蕃，被剥夺了官职。不过，由于此次与新罗之战爆发，他再次被大唐起用。《旧唐书》卷83列传33中记载"高丽众相率复反，诏起仁贵为鸡林道总管，以经略之"。此时，薛仁贵已五十八岁。可以说大唐起用了一位老练的将军。

然而，新罗以坚韧不拔的精神与唐军苦战不休。结果，文武王十六年（676），新罗军击溃大唐诸道联军，迫使熊津都督府从熊津撤出，迁往新城（今中国辽宁省抚顺市关山），名存实亡。接着678年，原置于平壤城的安东都护府也随之迁至辽东故城（今辽宁省辽阳市西北）。这可以说是唐朝势力从朝鲜半岛的撤退。《资治通鉴》卷202高宗仪凤二年（677）正月条中有如下记载：

初，刘仁轨引兵自熊津还，扶余隆畏新罗之逼，不敢留，寻亦还朝。二月，丁巳，以工部尚书高藏为辽东州都督，封朝鲜王，遣归辽东，安辑高丽余众；高丽先在诸州者，皆遣与藏俱归。又以司农卿扶余隆为熊津都督，封带方王，亦遣归安辑百济余众，仍移安东都护府于新城以统之。时百济荒残，命隆寓居高丽之境。藏至辽东，谋叛，潜与靺鞨通；召还，徙邛州而死，散徙其人于河南、陇右诸州，贫者留安东城傍。高丽旧城没于新罗，余众散入靺鞨及突厥，隆亦竟不敢还故地，高氏、扶余氏遂亡。

这里的"高藏"指高句丽末代君主宝藏王。他虽在高句丽灭亡后被带往长安，但并未被处刑，而是被封为司平大常伯、员外同正。如果新罗没有反抗唐朝，或许他将在长安平稳地度过一生。

然而，在大唐从朝鲜半岛撤军的情况下，为了压制辽东地区，任命身为原高句丽王的宝藏王为辽东州都督、朝鲜王，并送他前往辽东。宝藏王回到故地后，受到高句丽遗民的拥戴而选择与大唐为敌，结果被流放至邛州（今四川省邛崃市），后死于当地。

原百济王子扶余隆虽然就任熊津都督，但遭遇新罗的抵抗，不得不与唐军一同撤出，再也没有返回故土。新罗的抵抗改变了两位王族以及与他们相关的人们的命运。

## 制定《近江令》

上述新罗与大唐的战斗意外地给日本带来了和平。

原本，唐朝在确保安东都护府、熊津都护府这两处据点的基础上，将新罗也置于庇护之下，这样一来，自然可以实现对远处日本的遥控操纵。然而在新罗统一了半岛、挡在日本前面之后，唐朝也就不可能再强硬地在律令制下对日本实施羁縻统治了。

不过，在这之前，为了整顿日本的律令和兵制等，从大唐而来的专家们就已被送入了日本。结果，日本吸收了他们带来的知识，维持了与唐朝和新罗的和平外交关系，在微妙的平衡下得以保持自身的独立性。天智和金东严等人商量的内容不得而知，但值得注意的是，在金东严归国之后，新罗渐渐表现出了反唐的举动。

天智以战败为契机，反省一直以来大和朝廷的统治方式。显而易见，豪族合议制在面对危难局面之时，无法定下决策，对外交涉也会变得困难。也就是说，天智深刻感受到了必须有具备领导力的领袖以及辅佐他的智囊组织，亦即需要整备官僚制。另外，在对外战争之际，相比于单独召集各豪族的兵力，很显然有必要组建国家正规军，在律令制下整备征兵体系。而为了施行这些措施，必须确立作为财源的税制。尽管时间很短，但在熊津都督府派来的专业官员们的指导下，近江朝廷的重臣们应该也理解到了律令制的重要性。

唐朝官员撤退回国，未能着手修订律令中的律，但《近江令》的主要部分得以完成，剩下的就是参照日本的实际情况修订唐朝的《永徽令》，《近江令》便可逐渐成形了。再者，既然新罗能够成功地将大唐的势力逐出半岛，那么也有必要学习新罗的政治体制。基于上述情况可以发现，日本建立律令体制时受到了新罗律令的影响，这从某种意义上说也是自然而然的事了。

铃木靖民在《日本律令的制定与新罗》（「日本律令の成立と新羅」）一文中指出日本和新罗在律令上有如下几点共性。

（1）唐朝没有四等官制。日本的四等官制是对新罗的令、卿、大舍、史这四等官制的模仿。

（2）内外位制虽然原本是仿照隋朝的制度所建，但其作用机制有可能是参照并采用了新罗的实际做法。

（3）太政官－中务省的组建也参考了新罗以大上等为顶点，下设府、部、典、署的方式。

（4）《净御原令》下的兵政官也是以新罗的兵部为模型设立的。

（5）《净御原令》中作为学令一部分的丧葬制度也与新罗的规定相同。

在此基础上，铃木靖民进而指出：

> 一般认为 7 世纪末日本接受的律令制，是以唐朝的《永徽律令》为模本着手编纂的，这样的观点并

不正确。在另一方面，事实上，与日本交流频繁的新罗已接受并施行了律令制。譬如书写文化等便是从新罗传播至日本的，与带来这些新罗文化的人们之间的相互交流即是事实。再者，在持统朝时期，新罗多次进行"国政"的"奏请"（《日本书纪》持统元年九月条、九年三月条等），这也是事实。另外，不能忽视天武朝以后针对神祇信仰和佛教的划时代性政策在政治、思想方面同样受到新罗的影响。（第300页）

可惜的是，铃木靖民主要表达了关于在天武的命令下编纂的《净御原令》的见解，而并没有触及《近江令》。其原因有二：第一，铃木靖民关注的是天武－持统朝时与新罗的外交活动很兴盛这一现象；第二，《近江令》未能流传至今。

关于四等官制，鬼头清明早就提出过如下观点：

新罗对于唐朝律令法的接受方法似乎对日本产生了很大的影响。不仅如此，日本还吸收了新罗固有的制度。律令官制里的四等官制中长官、次官、判官、主典的官员序列即是新罗固有的制度，日本将其原样引入。这是因为，在日本的统治者重建自身的支配体制时，相比于照搬唐朝的律令法，更多地参考了新罗的方针或制度，而新罗与日本的社会情况相似，并且都保留了浓厚的共同体制度的色彩。（『白村江 – 東アジアの動乱と日本』第 190~191 页）

四等官制是古代日本中央、地方官制的基础。各官府衙门都设有"长官、次官、判官、主典"四等官职。据《国史大辞典》"四等官"条目的解说（由时野谷滋执笔），四等官的称呼来源于"唐朝的《名例律》规定在官员犯罪情况下实行连坐制时"按四等官职阶级顺次减罪一等的律文用语，但"由于唐代官制错综复杂，'四等官'这一用语在律文之外并没有实用上的意义"。总之，"四等官"这个称呼本身虽来源于唐朝的《名例律》，但实际情况另当别论。

然而，在作为律令官僚制基础的官府构成方面，日本采用了新罗的做法而非唐朝的模式，这一点意义重大。这是编纂《净御原令》的天武朝廷在一定程度上受到新罗影响的佐证之一。不能忘记的是，日本与新罗的这种关系始自天智朝末年。在金东严归国之后，天智八年九月十一日，沙湌督儒自新罗前往日本；天智九年九月一日，日本向新罗派出了阿昙连颊垂；天智十年六月，从新罗而来的使者带来了水牛、山鸡，同年十月七日，沙湌金万物赴日，十一月二十九日，日本向新罗王赠予绢、絁、绵、苇，可见两国交流之频繁。

另外，铃木靖民指出，新罗并没有采取中国式的官制，而是"受到象征着豪族传统的严格的身份体系的骨品制的强烈制约"，他认为"由于骨品制的桎梏，新罗对唐式官制的接受实际上只停留在表面上的改变官号的程度而已"（前揭论文，第298页）。

新罗只是部分吸收了唐朝的律令制度，而且得以继续保持自古以来本身所固有的骨品制和其他传统法，大概是因为新罗并非战败国。反过来讲，新罗也正是因此而未能全面吸收作为新体系的律令制，一直被"骨品制的桎梏"所束缚。新罗能够赢得与百济之战、与大唐联合的对高句丽之战，以及最终的对唐之战，也得益于国内诸贵族的齐心协力。新罗王室绝不能无视这些贵族的利益，贵族们也不会允许这种情况出现。这就是新罗不可能彻底转向律令制的原因吧。

而在这一点上，日本由于是战败国，尽管时间很短却在一时间被完全置于大唐的羁縻统治之下，得以废除比较陈旧的体制，意识到律令制的优点，进而可以全面地吸收新制度。虽然这是很久以前的事例，不过，第二次世界大战中败北的日本在全新的日本国宪法之下得以完成国家的高速发展一事，与此是很相似的。倘若近代日本没有在二战中战败，军部主导的国策继续施行下去，日本要很晚才能实现如今这样的民主化吧。这正是战败这种重置措施发挥了有效作用的绝佳事例。试想，其实隋唐帝国之所以能够建立律令主导下的国家体制，也是新王朝打倒了旧王朝后刷新政治的结果。隋、唐都摆脱了地方势力的桎梏，将朝廷设置于统领"中华世界"的都城，使得建立全新体制成为可能。在这一点上，新罗却困于旧都，无法从桎梏中脱离出来。

在日本，虽然孝德朝、推古朝时期归国的留学生、留学僧带回了唐朝的律令，但它并没有被全面吸收，可以认为是因为关系到大和豪族们的利益。而在白村江战败后，由于大唐施加羁縻政策这一非常事态，豪族们无力再主张自身的权益，不得不接受从大唐而来的使者们所施行的律令政策。然而正如前文所述，由于唐朝的势力不得不从朝鲜半岛撤出，日本没有完成这些改革。不过，托此事之福，日本获得了编纂符合自身国情之律令的时间和自由，最终得以结出《大宝律令》这样的成果。

## 天智纪中重复的记载

前面我们已经提到过，日本为了开展与新罗的外交而向筑紫派出苏我赤兄一事，而必须放在一起进行思考的是天智八年（669）是岁条郭务悰再次赴日的记载。

> 是岁，遣小锦中河内直鲸等使于大唐。又以佐平
> 余自信、佐平鬼室集斯等，男女七百余人，迁居近江
> 国蒲生郡。又大唐遣郭务悰等二千余人。

　　天智政府派遣河内直鲸等人出使大唐以进行平衡外
交。对天智来说，尽管与新罗在东亚展开了和平外交，但
也必须为日本的安全做万全考虑。首先，为了对大唐解释
虽支援过百济复国军但绝无与大唐敌对之意，从而恳求长
安朝廷理解日本的做法，日本有必要实施外交战略。其
次，日本也不得不确保亡命而来的百济人的安全。

　　以余自信、鬼室集斯为代表的七百余名百济人全部被
移往近江国的蒲生郡，那里成为他们的居住地。如果认为
这条史料所述事件的主导者为天智，那么可做如上解释，
但我们必须考虑到出于唐朝指令将百济人移居近江的可能
性。作为移居地的蒲生郡也值得注意。这里是之前天智等
人进行狩猎采药之地。或许，那次药猎活动并非单纯为了
消愁解闷，而很可能同时是为当时百济人移居一事而提前
做的实地考察。

　　余自信和鬼室集斯作为百济人的领导者而被明确提
及。余自信是在白村江战败后随撤退的船队投靠日本的百
济贵族。而据天智四年二月条"以佐平福信之功，授鬼
室集斯小锦下"一语，可以认为鬼室集斯是百济复国军

首领鬼室福信的亲信。

此处重要的内容是郭务悰的赴日一事。郭务悰竟带领二千余人前往日本。不过，天智十年（671）十一月十日条也可见到类似的记载：

> 唐国使人郭务悰等六百人，送使沙宅孙登等一千四百人，总合二千人，乘船卌七只，俱泊于比知岛，相谓之曰："今吾辈人船数众，忽然到彼，恐彼防人，惊骇射战。"

这条史料对唐使郭务悰以及人数的记载与上条内容完全相同。大多数的研究者都认为这两条史料是重复记录。但是，需要注意的是天智八年十二月的"灾大藏"一事。大藏是指位于近江大津京的大藏省。这样一来就与天智十年十一月二十四日的"灾近江宫，徙大藏省第三仓出"一事相同。这也是重复的记载。也就是说，郭务悰赴日与大藏火灾两件事一起被重复记录了。

一直以来，因为天智十年的记载更为详细，这条就被认为是原初的史料。然而，671年是新罗明确展现了反唐政策的一年。这年七月，文武王在大唐羁縻统治之下的原百济国土内设立了所夫里州，以阿飡真王为都督。新罗通过这个举动向大唐明确表示了对原百济国领土的要求。

接着在《三国史记·新罗本纪》第七文武王十一年（671）九月条、十月条有如下记载：

> 九月，唐将军高侃等率番兵四万到平壤，深沟高垒，侵带方。
>
> 冬十月六日，击唐漕船七十余只，捉郎将钳耳大侯、士卒百余人。其沦没死者，不可胜数。级湌当千功第一，授位沙湌。

根据此条史料，大唐派遣高侃将军率番兵四万到平壤城，挖深堀、筑高墙以防备新罗的进攻，随后进击带方。毫无疑问这是为了应对七月新罗设置所夫里州而发起的行动。另一方面，新罗攻击了七十余艘唐船，俘虏将军钳耳大侯以下百余人，唐军溺水而亡者不计其数。这件事与《旧唐书》卷5《高宗本纪》（下）咸亨三年（672）是冬条所载相同①：

> 是冬，左监门大将军高侃大败新罗之众于横水。

---

① 作者对此处《旧唐书》的史料理解似有误，应是高侃于横水战胜了新罗军之意，这点与《三国史记》对此事的记载完全相反。——译者注

这两条史料所载的时间分别是 671 年和 672 年，有一年的时间差，但井上秀雄认为《新罗本纪》中"这条九月的史料参考了《旧唐书》卷 5 咸亨三年是冬条、《册府元龟》卷 358《将帅部·立功·高侃传》，也有说法认为这是文武王十二年七月、八月两条记载内容的摘要"（井上秀雄訳注『三国史記 1』第 245 页注 54）。

在这样的形势下，别说是在日本，即使是在朝鲜半岛，唐军也陷入了无法继续驻留的局面。自然对日本的羁縻政策也就不得不中止了。也就是说，郭务悰率二千人赴日的时间如果是天智十年的话就太晚了。这条记载被视为发生在新罗的反唐策略尚未显露的天智八年更加妥当。

## 郭务悰率领的二千余人

正如前文所见，与其说原本在日本顺利展开的羁縻政策由于新罗反抗唐朝而受阻，不如说随着高句丽的灭亡，唐朝接下来开始将半岛全境彻底纳入统治之下。对新罗来说，这一点是必须避免的。文武王虽然展现出追随大唐的姿态，但提拔百济遗民中有能力的人才，并接纳避入新罗的高句丽遗民，逐步推进与大唐交战的准备。于是，战火终于在文武王十一年（671）点燃了。

这里最值得注意的是，郭务悰带来的多达两千余人的驻屯军。先来看看《日本书纪》天智十年关于此事的记载：

　　十一月甲午朔癸卯，对马国司，遣使于筑紫大宰府言：月生二日，沙门道久、筑紫君萨野马、韩岛胜娑婆、布师首磐，四人从唐来日。唐国使人郭务悰等六百人，送使沙宅孙登等一千四百人，总合二千人，乘船卅七只，俱泊于比知岛，相谓之曰："今吾辈人船数众，忽然到彼，恐彼防人，惊骇射战。"乃遣道久等，预稍批陈来朝之意。

　　首先，对马的国司向筑紫大宰府提交了报告，称十一月二日沙门道久、筑紫君萨野马、韩岛胜娑婆、布师首磐四人从大唐回国。据道久等人所言，郭务悰与沙宅孙登率二千余人，分乘四十七艘船前来，因担心如此人数突然出现的话，可能使日本方面惊惧而遭到攻击，故先派遣他们前来接触，表明来意。

　　被事先派来的四人中，有一人名叫筑紫君萨野马，他是在持统四年（690）十月二十三日的记载中登场的人物。那条史料记述了在白村江之战中被俘的大伴部博麻于持统四年九月二十三日归国，日本朝廷对博麻给予了赏赐。原因是博麻奋不顾身救了筑紫君萨野马等四人：

> 乙丑，诏军丁筑紫国上阳咩郡人大伴部博麻曰：于天丰财重日足姬天皇（齐明）七年，救百济之役，汝为唐军见掳。洎天命开别天皇（天智）三年，土师连富杼、冰连老、筑紫君萨夜麻、弓削连元宝儿四人，思欲奏闻唐人所计，缘无衣粮，忧不能达。于是，博麻谓土师富杼等曰："我欲共汝，还向本朝，缘无衣粮，俱不能去。愿卖我身，以充衣食。"富杼等，依博麻计得通天朝。（后略）

如果这条持统四年的记载可信，那么筑紫君萨野马在天智三年（664），就已归国。而从沙门道久、筑紫君萨野马、韩岛胜娑婆、布师首磐被对马国司送去筑紫大宰府一事看来，这四人要么曾在对马岛停留，要么与郭务悰等人同行。韩岛胜娑婆的事迹不见于他处，但由于丰前国宇佐郡有辛岛乡，可以认为韩岛胜是当地的豪族。尽管布师首磐的出身无法确定，不过，这四人中有两人都是九州豪族这一点很重要。沙门道久大概是担任通译之人。与其认为这四人是偶然地出现在对马岛，更加自然的看法应该是他们承担着与唐朝的外交任务。

为了预先告知有两千余人将从大唐前往日本一事，这四人从对马被派遣至筑紫大宰。由此可以推测，从熊津都督府出发的唐使（或唐军）暂时在对马岛上岸休整，再从对马向筑紫发出消息，继而登陆日本本土。所谓"忽然到彼，恐彼防人，惊骇射战"的说法恐怕只是后世文辞的掩饰。自熊津都督府至筑紫的航路已在唐军控制之下，这样的事件应当不会发生。

关于"二千余人"的人员构成，史料记载郭务悰带领六百人，沙宅孙登带领一千四百人。沙宅孙登曾在齐明六年（660）十月百济灭亡的记述中登场：

> 百济王义慈，其妻恩古，其子隆等，其臣佐平千福、国弁成、孙登等，凡五十余，于秋七月十三日，为苏将军所捉而送去唐国。

孙登是与义慈王等人一同被苏定方将军俘送洛阳的百济贵族之一。据《新罗本纪》第六，文武王四年（664），唐朝为了安抚、劝降百济残余势力而派遣扶余隆与刘仁愿一起前往熊津，并同新罗的金仁问、伊飡天存进行了会盟。在文武王五年（665）八月，扶余隆与刘仁愿一道再次与新罗王举行会盟，据当时文武王的盟书可知，扶余隆为熊津都督。像这样，唐朝利用被其灭亡的百济的王子和诸臣，试图顺利开展羁縻政策。可以想见，作为百济贵族的孙登也是扮演着这样的角色而领着从洛阳出发的一千六百名唐人来到日本的。

# 郭务悰再次赴日的目的

关于郭务悰赴日之事，直木孝次郎在《近江朝末年的日唐关系——以唐使郭务悰的来访为中心》（「近江朝末年における日唐関係－唐使・郭務悰の渡来を中心に」）一文中有专门的研究。当然，直木孝次郎也是从天智朝自白村江战败后针对唐朝展开防御体制这个立场来论述的。另外，他是以郭务悰赴日并非天智八年（669）而是天智十年（671）为前提进行探讨的。直木孝次郎也列出了天智八年的记载，但认为这条史料"前后没有关联的记载，而且二千余人这个人数与天智十年唐使赴日一事的记录相同，因此这是天智十年纪所载之事的重复记载，理应以十年纪为准。关于这一点，历来几乎所有研究者的意见都是一致的"（第 184 页）。

直木孝次郎正确地把握到 668 年高句丽灭亡后唐朝与新罗关系的恶化。他指出，"唐朝在白村江之战胜利的 663 年于新罗设置鸡林都督府，任命新罗王为鸡林州大都督，试图将新罗纳为附属领地。这当然招致了新罗的反抗，由此新罗与唐朝的联盟破裂，不久之后便爆发了新罗的对唐战争"（前揭论文，第 184 页）。进而，他认为新罗对唐战争以咸亨元年（天智九年，690）为发端。然

而，就算是从直木孝次郎的这个观点来考虑，在新罗已经
与唐朝进入战争状态的天智十年之际，郭务悰率二千余人
来日，这样的思路也让人感觉不合常理。

池内宏认为郭务悰所率的六百人是熊津都督府的唐
人，而沙宅孙登等一千四百人则是避难的百济人。针对
这一观点，直木孝次郎批判道："为了将百济人迁至日
本，为何需要多达六百名唐人同行呢？池内宏对这一点
的说明很不足，郭务悰赴日的目的仍不明确"（前揭论
文，第 187 页）。确实正如直木孝次郎所论，即使从时间
上来看，在唐朝与新罗处于战争状态之时，唐朝没有必
要输送这么多难民前往日本，想要合理地说明这一点是
不可能的。

直木孝次郎的见解如下：

　　我的结论是，这两千人之中，沙宅孙登麾下的一
千四百人中的大部分或许是白村江战败的日军俘虏，
而郭务悰率领的六百人大多是负责监视、护送这些战
俘所需的人员（主要是唐人？）。郭务悰的使命是用
返还日本人俘虏作为交换条件，要求日本朝廷出兵朝
鲜以支援唐朝。这是在唐使李守真未能成功完成援军
派遣的交涉并于天智十年七月归国之后，唐朝再次派
出使者要求日本派遣援军。（第 200～201 页）

**天智天皇的日本**

虽然直木孝次郎的这个观点乍一看颇有说服力，但在道理上是矛盾的。从唐朝出动庞大的军队开赴高句丽这一点来看，唐军完全不可能向日本求援，即使真的向日本请求援军的话，直木孝次郎认为是日军战俘的那一千四百人也应直接作为降兵被投入对新罗的战斗才对。倒不如向他们许诺，如果在新罗之战中取得战功就允许他们回国。提出这种条件的话应该可以激励战俘奋起作战。比起向已经没有能力派出大军的日本政府求助，这样的做法才更符合事实吧。

何况，对日本而言，已然不存在足够的兵源来组建援军了。日本已经将全部的兵力投入白村江之战，很难想象还有像样的兵力残存。大唐是不可能向陷入如此境况的日本求援的。在白村江之战中，日本派出的军队最大规模也只有四万二千人罢了。而在上元二年（675）九月与新罗的战事中，大唐方面由右领军大将军李谨行率领的兵力就达到了二十万。至少唐朝完全没有向日本请求援兵的必要。

这样看来，可以认为郭务悰与孙登带来的二千人既不是百济难民，也不是日军战俘。那么，也就只能认为这二千人纯粹是为了完成对日本的羁縻统治而派来的人员了。仅仅是筑紫和大和地区的话，并不需要如此多的人数，若是为了彻底羁縻统治整个日本，按每个地区需要百名人员来算，二千余人也只够覆盖二十个地区而已。不过，所谓羁縻统治并不是完全统治一个国家，只需将要地置于大唐的支配之下即可，因此二千人的规模可以说是刚刚好。

史料中没有记载郭务悰再次赴日的具体时间，但可以认为，天智八年正月九日苏我赤兄被任命为筑紫率是为了迎接郭务悰以及进驻日本的唐军。由于大唐派出多达二千余人的军团留守日本是非常重大的事情，天智有必要向筑紫派去更加值得信赖的能臣。

## 编造户籍

《日本书纪》中，在郭务悰等人赴日的天智八年（669）是冬条记载"修高安城，收畿内之田税"。作为修筑高安城所需的财源，收取田税也是必要的。而为了征收田税，户籍自然不可或缺。在接下来的天智九年（670）二月有如下记载：

> 二月，造户籍，断盗贼与浮浪。于时，天皇幸蒲生郡匿迣野而观宫地。又修高安城，积谷与盐。又筑长门城一、筑紫城二。

也就是说，为了修筑高安城而征收田税、近江京大藏发生火灾、郭务悰等二千余人抵日、编造户籍这四件事是被关联在一起进行记录的。虽然不清楚事情发生的先后顺序，但从一般的流程来看，应该先是郭务悰等人前往日本，在其主持下开始建造高安城，因而不得不征收田税用作筑城的财源，由此必须制定户籍，收取的田税贮存于大藏，却发生了反对大唐统治的日本人放火焚烧仓库的事件。虽然书纪中将"断盗贼与浮浪"作为编造户籍的理由，但显然是为了征收田税才开始编造户籍的。

这里所见的"户籍"一般被称为"庚午年籍"，被认为是在日本全国范围内施行的制度。对此，《国史大辞典》（『国史大辞典』）的解说如下（宫本救执笔）：

这是造于天智天皇九年（670）庚午年的户籍。对于律令国家来说，户籍是统治公民的基本资料，另外也是班田收授的账簿。根据令的规定，六年修订一次，保存五比（三十年间）的记录。在律令体制的建立时期，即从大化改新（645）到《大宝律令》制定实施的大宝二年（702），《日本书纪》记载了大化二年至白雉三年（652）、天智天皇九年（庚午年）、持统天皇四年（690，庚寅年）的几次造籍。（中略）天智天皇九年所造户籍，亦即庚午年籍，基于《近江令》首次在全国范围内将所有阶层全部编入户籍，而且在《大宝律令》制定之后，成为律令制下永久保存的姓氏记录。（中略）庚午年籍作为基本的姓氏记录，在8~9世纪的奈良、平安时代初期的改换姓氏等问题中，常常被当作证明材料引用并受到重视。

确实庚午年籍在后世被认为是最基本的记录，但由于实物并没有留存到现在，所以并不清楚这到底是在何种程度上于全国实施的举措。

然而，关键的问题在于这次户籍编造的时间点。必须思考编造户籍发生在郭务悰率二千余唐人抵日之后的意义。以《日本书纪》的记述形式而言，在没有写明主语的记载中，一般是以天皇或国家为主语的。但是，既然在处于羁縻统治之下的日本存在唐朝的派出机构，那么，很有可能这次造籍的实施主体并非天智，而是郭务悰甚至是大唐朝廷。

倘若果真如此，所谓庚午年籍，本质上是唐朝为了向日本国民征收赋税而开始编造的户籍。郭务悰等二千余人理所当然居住在飞鸟地区，而当月修建的高安城是用来储存粮食和盐等物资的。

高安城应是由于来日的二千余人中负责监视大和方面的唐人需要据点而建筑的山城。高安城遗址中目前被确认的只有仓库群遗迹，位于河内国与大和国的交界处。不过，根据橿原考古学研究所挖掘调查的结果，这个仓库群遗迹是弃城后奈良时代初期的产物，因此，并不清楚高安城实际上究竟被建于何处。

笔者也曾经到访高安山东部的仓库群遗址，它们位于特别陡峭的山上，感觉非常不适合作为畿内统治的据点。在略早于筑城的天智八年（669）八月三日的记载中，有如下内容：

> 秋八月丁未朔己酉（三日）。天皇登高安岭，议欲修城，仍恤民疲，止而不作。时人感而叹曰："实乃仁爱之德，不亦宽乎。"云云。

即天智因怜悯人民而停止了高安城的修筑。然而，实际情况或许是，在大唐的势力从日本退出之后，也就没有必要继续建造高安城了，因而停止了筑城。另外，很难判断《日本书纪》关于造籍、筑城等事的记载的时间顺序到底有多少是正确的。例如，天智十年（671）正月二日的记述中有如下事件：

> 十年春正月己亥朔庚子（二日）。大锦上苏我赤兄臣与大锦下巨势人臣，进于殿前，奏贺正事。

　　两年前的天智八年正月就任筑紫率的苏我赤兄臣前来近江京上奏贺正。他可能是在两年的任期结束后返回近江京的。但在《日本书纪》中，既没有任命接替赤兄的新筑紫大宰帅的记录，也没有苏我赤兄回京的记载。不过，天智十年六月的是月条记述了"以栗前王为筑紫率"一事。从这条记载看来，或许在栗前王继任之前赤兄一直是筑紫率。否则筑紫率一职至少得空缺半年以上。而倘若赤兄是在前一年就卸任返回了近江，那么此职位的空缺时间就会变得更久。因此在这一时间段前后，《日本书纪》中关于人事方面的记述顺序值得怀疑。

　　另外，天智九年二月的"筑长门城一、筑紫城二"这样的记载，也与天智四年八月答㶱春初等人受命建造长门城、大野城、基肄城一事雷同。虽然有观点认为天智四年的记录是指筑城开始，而天智九年的记录则是指完工，但《日本书纪》只是用了"筑"这个字，并没有任何关于"完成"的记载。如此解释完全只是研究者的牵强附会罢了。

　　倒不如认为在天智四年，大唐才刚刚开始实施对日本的羁縻政策，山城的修筑只是处于计划阶段，而随着天智八年二千余唐人赴日，开始了实质性的工程建设。之所以同时记载了天智四年筑城一事，恐怕恰恰是为了使后世读者误解成天智是为了防御唐军而计划建设山城，故而有意将此事记为战败后不久发生的。

## 天智朝的人事

关于天智八年至十年的记载，需要在注意其前后关系的基础上进行解读，接下来让我们来看看天智十年（671）正月五日至六日的记录：

> 癸卯（五日），大锦上中臣金连命宣神事。是日，以大友皇子拜太政大臣。以苏我赤兄臣为左大臣。以中臣金连为右大臣。以苏我果安臣、巨势人臣、纪大人臣为御史大夫（御史盖今之大纳言乎）。
>
> 甲辰（六日），东宫太皇弟奉宣（或本云，大友皇子宣命），施行冠位法度之事，大赦天下（法度冠位之名，具载于新律令也）。

这两条史料记载了天智朝新的人事变化。

大友王子曾出席大唐高宗皇帝的封禅仪式，作为大和朝廷王子发挥了重要作用。除了这些功绩，他还是被刘德高夸赞的人物。刘德高给出很高的评价，相当于把他视为对大唐的羁縻统治来说很合适的人选。可以认为这是之后壬申之乱时大友王子成为众矢之的的远因。

被任命为左大臣的是作为筑紫大宰主帅被派往筑紫、

与筑紫都督府的大唐官员们继续进行交涉的苏我赤兄。这样看来，可知天智十年赤兄所述的新年贺词是其被任命为左大臣的伏笔。右大臣中臣金连是于天智八年去世的大织冠中臣镰足的堂弟。虽然并不清楚金连本身在多大程度上与外交事务有关，但正如前文所见，镰足曾参与向金庾信、文武王赠送船只之事。以此二人为政府首席要臣，以苏我果安臣、巨势人臣、纪大人臣任新设的御史大夫一职。所谓御史大夫，被认为是后世大纳言一职的前身，不过该官职名称源于中国唐代御史台长官一职。从这里也可窥见大唐施加的影响。

尽管《日本书纪》正文所记上述六日条中是由大海人王子奉宣，但考虑到后来天武天皇对书纪编纂内容的干涉，如"或本"所记由大友王子宣命可能更符合史实。而大友宣命的内容就是关于冠位与法制之事。

那么，为何天智十年再次发生人事变动，且发布有关冠位、法制的规定呢？原本这应该是新王即位之年所为之事，即使考虑到天智朝的特殊情况，也应该在天智回到近江京的天智七年进行才是。不过，倘若将此事与天智八年郭务悰等人赴日一事联系到一起考虑，就并非不可理喻了。

也就是说，任命大友王子为首席大臣的人事变动是为了郭务悰等人所筹划的羁縻统治而安排的。如果认为新的冠位、法制都是为羁縻统治服务的产物，那么可以说这是他们抵日后耗费一年多取得的成果。天智十年正月十三日条与是月条为我们提供了更加明确的线索。

> 辛亥（十三日），百济镇将刘仁愿，遣李守真等上表。
>
> 是月，以大锦下授佐平余自信、沙宅绍明（法官大辅）。以小锦下授鬼室集斯（学职头）。以大山下授达率谷那晋首（闲兵法）、木素贵子（闲兵法）、忆礼福留（闲兵法）、答㶱春初（闲兵法）、㶱日比子赞波罗金罗金须（解药）、鬼室集信（解药）。以上小山上授达率德顶上（解药）、吉大尚（解药）、许率母（明五经）、角福牟（闲于阴阳）。以小山下授余达率等五十余人。童谣云：多致播那播，于能我曳多多多，那例例腾母，陀麻尔农矩腾岐，于野儿弘你农俱（橘は　己が枝々　生れれども　玉に貫く時　同じ緒に貫く）。

是月条的记载可以说是很奇怪的人事安排了。没有日本人出现在人事任命中。为了便于理解，将其整理如下：

**法官大辅：余自信、沙宅绍明**

学职头：鬼室集斯

兵　　法：达率谷那晋首、木素贵子、忆礼福留、答㶱春初

医　　药：㶱日比子赞波罗金罗金须、鬼室集信、达率德顶上、吉大尚

五经博士：许率母

阴阳博士：角福年

有一首关于如此不可思议的人事安排的童谣。所谓童谣，就是民间的社会讽刺。这首童谣的内容表面上只是说，橘子虽然长在不同的树枝上，但可以用一根线将它们串起来。关于这点，小学馆版《日本书纪3》的眉批有如下叙述：

> 从亡国百济而来的渡来人，无论其阶层和专门技艺如何都被给予官爵。这首童谣以赞美之情讴歌了百济人在抵日第八年的正月里获得了在大和朝廷中理所应当的地位。也有说法认为，这是对朝廷引入异国人的非议之歌。（第290页）

然而，这个解释并未说明为何他们会就任那些重要的职位。法官、兵官等是国家的中枢。虽然是稍后发生的

事，但天武天皇在天武十三年闰四月五日的诏书中写道，"凡政要者，军事也。是以文武官诸人务习用兵及乘马"。经历了百济复兴战争的天智和在壬申之乱中胜出的天武，想必都深感军事的重要性。一般情况下，难以想象兵官一职尽由百济遗民占据。这种程度的人事安排绝不仅是"获得了……理所应当的地位"。因此，正月十三日的记载值得注意。

乍一看，正月十三日条与是月条这两则史料记录了不同的事件。不过，如果认为"刘仁愿"派遣的李守真所带来的"上表"就是是月条里出现的人事变动的命令书，又是否解释得通呢？

在这里，虽然是"刘仁愿"派出了李守真，但《资治通鉴》卷 201 唐纪 17 总章元年（668）八月辛酉条有"列道行军总管、右威卫将军刘仁愿坐征高丽逗留，流姚州"一语，可见刘仁愿被处以流刑。姚州在今云南省界内，是与西南诸族通交的要冲，但也是远离辽东地区、朝鲜半岛之地。在那之后没有刘仁愿回归官场、战阵的记载。

另一方面，刘仁轨于总章元年任熊津道安抚大使兼浿江道总管（《旧唐书》卷 84 列传 33），追随李勣平定了高句丽；第二年（669），"以疾辞职，加金紫光禄大夫，听致仕"，辞职后被拜为金紫光禄大夫。在这一年的十二月

戊申，英国公李勣去世［《旧唐书》卷 5《高宗本纪》
（下）］。刘仁轨正式致仕似乎已是第三年（670）正月丁
丑之事（同上）。不过，在《新唐书·刘仁轨传》中，致
仕的记载之后接着又记有"俄召为陇州刺史，拜太子左
庶子、同中书门下三品，监修国史。咸亨五年，为鸡林
道大总管，东伐新罗"，因而可知刘仁轨只是暂时从官
场引退。从被任命为太子左庶子（负责教导太子的官
职）这一点看来，刘仁轨在宫中似乎是备受信赖的。不
清楚已就任于太子近侧的刘仁轨是否与对日羁縻政策有
关，但考虑到白村江之战以来的一系列相关事宜，认为
《日本书纪》所记的"刘仁愿"实为"刘仁轨"之误应
是没有问题的。

　　假如派遣李守真的是刘仁轨，由于他正在长安担任太
子近侧的左庶子一职，那么李守真很有可能是直接从长安
派出的。

　　这一时期熊津都督府的情况又如何呢？

　　正如前文所见，670 年发生了高句丽遗民牟岑、安胜
领导的叛乱。《三国史记·新罗本纪》文武王十年（670）
七月条有如下记载：

　　　　秋七月，王疑百济残众反覆，遣大阿飡儒敦于熊
　　津都督府请和。不从，乃遣司马祢军窥觇。王知谋

我，止称军不送，举兵讨百济。品日、文忠、众臣、义官、天官等，攻取城六十三，徙其人于内地。天存、竹旨等取城七，斩首二千。军官、文颖取城十二，击狄兵，斩首七千级，获战马兵械甚多。

尽管熊津都督府尚存，但新罗攻取了故百济国的七十五座城池。另外，在文武王十年至十一年间，与新罗军作战的大唐将军有薛仁贵、高侃、高保、李谨行等人，并不见刘仁轨之名。

即使从这一情况来看，也很难认为此时刘仁轨正身处熊津都督府。

当然，新罗的反唐路线刚刚开始，大唐也还未放弃朝鲜半岛的羁縻政策。大唐真正放弃半岛是在仪凤二年（676）二月，把为了在高句丽实施羁縻统治而设的安东都护府迁往辽东故城（今辽阳市），把置于故百济国的熊津都督府迁至建安故城（今辽宁省营口市）。大唐自此全面退出了朝鲜半岛。

然而，在天智十年，局势尚未至此。如果李守真确是奉身在长安的刘仁轨的命令前往日本，可以认为这实际上就是大唐王朝的指示，大唐直接向日本下达关于羁縻政策的指令。

随后日本又于同年四月设置了漏刻。漏刻是表示时间的装置。所谓时间，是控制有组织的官员们工作时长的概念。也就是说，漏刻的设置，意味着日本开始从时间上加强对官员们的管理。这也是依据唐朝律令制实施的一项政策。《日本书纪》天智十年四月二十五日条将漏刻的设置记为"此漏刻者，天皇为皇太子时，始亲所制造也"，但不能轻易采信这条记录。漏刻的原理虽然很简单，所需的细微调整却很困难，倘若没有表示时刻的必要性，根本不必建造。把漏刻当作只是一国王子毫无目的制作出的产物，这种说法显然很牵强。

如果中大兄是在齐明朝制造了漏刻，那么将其记录为当时的年份发生的事情即可。在李守真抵日并进行了以百济遗民为主体的人事安排之后的天智十年三月，黄书造本实献上了水臬（测定水平面的器具），四月设置了漏刻，从这些记载的连续性来看，这个漏刻被认为是从大唐带来的东西才更加自然。

## 新律令

在稍早些时候的天智十年（671）正月六日条中有"法度、冠位之名，具载于新律令"的夹注。联系前后文可知这里的"新律令"指的是《近江令》。不过，小学馆版《日本书纪3》的眉批有如下记述：

虽然有说法认为这是天智朝所制定的《近江令》，但由于《近江令》并无配套制定的律，所以这是一个疑点。《近江令》不见于 8 世纪成书的《日本书纪》和《续日本纪》中，而初见于 9 世纪初叶完成的《弘仁格式》的序文中，因此《近江令》的存在本身就是有疑问的，认为这条夹注是由后人所加的说法很有道理。（第 287 页）

以上文字否定了《近江令》本身的存在。关于《近江令》，青木和夫在《净御原令与古代官僚制》（「净御原令と古代官僚制」）一文中认为，"据《大织冠传》的记载，似乎中大兄在称制七年左右，命藤原镰足与当时的贤人一同修改旧典章，大体订立了条例，然而完全没有被作为令施行的痕迹"，否定了《近江令》的存在，其后这一学说被广为接受。青木和夫所指出的《大织冠传》的记载如下所示：

七年秋九月，新罗进调。大臣即付使金东严，赐新罗上卿庾信船一只。或人谏之，大臣对曰："普天之下，莫非王土，率土之滨，莫非王臣也。"先此，帝令大臣撰述礼仪，刊定律令，通天人之性，作朝廷之训。大臣与时贤人，损益旧章，略为条例。一崇敬

爱之道，同止奸邪之路。理慎折狱，德洽好生。至于
周之三典，汉之九篇，无以加焉。

这条史料在多大程度上可信是个问题。其中针对
"或人"的发言，恐怕是因后世的历史观而被润色的产
物，无法认为这是在陈述事实。因此，由"或人"的谏
言而引出的"撰述礼仪""刊定律令"等事也不得不说是
很可疑的。史料的后半部分文字也不过是华丽辞藻的堆
砌，只是用来粉饰镰足的功绩罢了。

不过，在史料记述中，当时的"礼仪""律令"的编
订是以托新罗使节金东严赠予金庚信一艘船这件事为开端
的，这点很有意思。当然，向新罗贵族赠送礼物一事成为
编修律令的契机本身并非事实。但是，近江朝对律令的修
订并非出于内在的原因，而是由外在的原因所促使的，这
一点不可轻易无视。从本书所论来看，可以认为近江朝是
由于大唐实行羁縻政策而被强迫整备法令的。如果将
《藤氏家传》的记述解释为外在因素导致刊定律令，那么
即使不能认定这个因素即为新罗，这一点也非常耐人
寻味。

再者，青木和夫认为，"律令说"引以为据的天智十
年正月六日"法度、冠位之名，具载于新律令"这条夹
注并非原史料的内容，"必然是书纪编成献上时所加"

（第 240 页），不可视为足以信赖的材料。他进而推测，在书纪编纂之时，因为"需要使天智天皇被视为律令国家各种制度的创始者"（第 240 页）而刻意写了这样的注释。青木和夫总结道，"所谓《近江令》并非之后的《净御原令》和《大宝律令》那样完备的法典，也没有二十二卷之多"（第 242 页）。

尽管青木和夫的观点有其说服力，但基本上是以《近江令》没有留存至今这一点为基础进行的文献批判。作为文献批判而言值得赞赏，不过，其中却有包含着判断基准是否正确的问题，即仅仅以成系统的编纂物作为"律令"，而将其他情况都视为单行法令的这一点是否妥当。总之，在目前为止关于《近江令》的研究中，并不以近江朝是否编纂过律令为问题意识，而以是否存在编纂完成的《近江令》为关注的核心。律令的编纂不是一朝一夕所能完成的，这一点谁也没有否认。例如，青木和夫在《国史大辞典》第 8 卷的"大宝律令"条的解说中写道，"自很早之前便与丈夫天武天皇一同下令制定律令的持统天皇，在天武死后将新修律令命名为《净御原令》并暂时颁发给了各政府部门，似乎她让位于其孙文武天皇以后便开始监督和鼓励令的改订和律的编修"。《大宝令》的施行是在大宝元年（701），律则是从第二年开始实施的。天武于 686 年去世，正如青木和夫所言，即使以

《净御原令》为基础，《大宝令》的编成也需要十五年之久。与此相比，整个天智朝也不过十年而已，在这期间内本就很难编纂出完备的《近江令》。

另外，天智朝决定的官僚人事和庚午年籍等事，是否可以单纯地作为在单行法令下完成之事也是个问题。关于《近江令》存在的讨论在此很难展开叙述，但天智十年正月余自信、沙宅绍明被任命为"法官大辅"一事值得注意。不应无视这里的法官与新律令的关系。可以认为他们二人是为了调整新律令而被任命为法官的。这一点在近代也有类似的例子，在第二次世界大战后，占领日本的盟军最高司令部要求日本政府制定新的宪法，并提供了草案。战胜国常会要求战败国以胜利一方的法律为蓝本来制定新的法律。认为在7世纪末的东亚也发生了同样的事情并不牵强。

然而，日本到底从何时开始准备所谓的"新律令"的呢？这是一个问题。

只是将大唐的律令原样引入并交由百济遗民来处理的话，恐怕并不能填补律令与日本一直以来的习惯法之间的鸿沟。因而这里被称为"新律令"的是相对于原有的法度、冠位，以大唐的律令为基础并与羁縻政策直接相关的被冠以"新"字来表示的新法令，现在看来如此解释更加稳妥。正如青木和夫的批判，从一开始就将《近江令》

视作成体系的法令的观点是很牵强的。不过，大唐的羁縻政策尽管施行起来各有差异，但总的来说是对周边国家强制推行以大唐律令为基准的法令体系，考虑到这一点，可以认为近江朝也处于相同的境遇。

在承认天智朝被置于大唐的羁縻政策之下的基础上，就能够重新思考战争给日本社会带来的大唐的影响，与书纪所描述的虚假幻象迥异的日本古代史也随之浮出水面。这也告诉我们，不能忽视"战争"的结果给各个国家带来的影响，这一点是超越时代的。

# 结语——从史料解释提出问题

天智十年（671）十二月三日天智驾崩于大津宫，天智朝只存在了十年便告终结。从齐明朝决定救援百济复国军开始，到白村江战败，再到与大唐进行有关羁縻政策的交涉，天智就这样度过了十年光阴。可以说，天智的政治生涯始于给母亲善后，终于给战争善后。

在天智出殡时流传着三首童谣，其中之一如下：

　　吉野之鲇，栖息岛傍，悠悠葱芹下，痛在我心间。

　　（み吉野の　吉野の鮎　鮎こそは　島傍も良き

え苦しゑ　水葱の下　芹の下　吾は苦しゑ）

小学馆版《日本书纪3》的眉批认为"吉野"是"指代大海人皇子"，但是没有提示其根据。恐怕这样的说法出自日本国文学研究者高木市之助对于《吉野之鲇》（『吉野の鮎』）这首歌的理解。高木市之助认为：

> 适当还原语句并概括其大意为"虽然吉野川的香鱼栖息在岛边水芹、水葱的阴影下十分惬意，但身为人的我蛰居在这大山深处的吉野川畔却非常痛苦"。这样看来，这是一首讽喻诗歌，描绘了大海人皇子体察到天智天皇的心意而遁入吉野后的心境，借此表达时人的同情。

这是充满国文学研究者风格的带有浪漫主义色彩的解释。倘若真是表达了对大海人同情之意的童谣，那为何没有被记入《日本书纪》天武纪中呢？这点很不可思议。进一步而言，将同情大海人的童谣记述在天智驾崩一事之后难道不是显得很不自然吗？考虑到史书编纂者的立场，在天智驾崩的记载之后理应记录关于天智的童谣才是。

当然，认为这首童谣是吟诵大海人隐居于吉野一事这一思路本身并非不自然。但童谣的主体不是天智，这点就很奇怪了。如果以天智的感受来解释童谣又是另一番意味了，"吉野的香鱼，在吉野川的水流中自由自在地游来游去，与它相比，我不得不在水葱、水芹这些水草丛生处游动，真是痛苦啊"。当然，童谣是时人所作，并非真正的天智本人的情感，完全是想象天智内心活动而创作的。

对当时的人们来说，隐居在吉野的大海人在某种意义上是自由的，如同惬意地游动于吉野川的香鱼一般。而天智则不断被大唐占领军提出无理的要求，又被飞鸟的贵族们指责外交上的懦弱，这样的他就像是在水芹、水葱的羁绊下游着的鱼儿一样，看上去非常痛苦。这恐怕才是这首童谣所要表达的寓意吧。

天智死后，近江朝尚未存续半年，就迎来了大海人王子企图篡夺政权而发起的壬申之乱，最后以大海人王子的胜利告终，天武朝拉开序幕。

天武元年（672）三月十八日条记载了郭务悰仍滞留在日本，并为天智服丧、致哀，然后于夏五月三十日归国一事：

> 元年春三月壬辰朔己酉（十八日），遣内小七位阿昙连稻敷于筑紫，告天皇丧于郭务悰等。于是，郭务悰等咸着丧服，三遍举哀，向东稽首。
>
> 壬子（二十一日），郭务悰等再拜，进书函与信物。

夏五月辛卯朔壬寅（十二日），以甲胄弓矢赐郭
务悰等。是日，赐郭务悰等物，总合絁一千六百七十
三匹，布二千八百五十二端，棉六百六十六斤。

戊午（二十八日），高丽遣前部富加抴等进调。

庚申（三十日），郭务悰等罢归。

由于从第二年的六月开始了壬申之乱，天智十年抵达
筑紫的郭务悰等大唐使者理应会被要求在那之前回国。然
而，上述一系列的记载究竟有多么可信呢？

正如前文所述，大唐遇到了新罗的抵抗，671 年两国
之间开始爆发战争，678 年唐军不得不撤出半岛。可以想
见在这种情况下，白村江之战以来一直在对日政策上与大
唐合作的天智驾崩后，郭务悰等人会考虑从日本撤退。由
于天智驾崩于天智十年（671）十二月，郭务悰等人大概
很快就得知了他的死讯。而且郭务悰等人很清楚原大和地
区的豪族们对大唐羁縻政策抱有不满情绪。因此，在压制
着豪族们的天智已然不在人世的此时此刻，郭务悰等人早
早地赶往筑紫，想必是在考虑见机撤回熊津都督府或长安
吧。"三遍举哀，向东稽首"这一描述真实地反映了郭务
悰对作为大唐对日政策合作者的天智之死由衷地表示哀悼
之情。

不过，意图彻底隐藏大和地区被郭务悰等人占据之

事的《日本书纪》的编者们，用"遣内小七位阿昙连
稻敷于筑紫"这样的记述给人以郭务悰等人在那之前一
直滞留于筑紫的错觉。将为了在日本推行羁縻体制而赴
日的唐人们汇集起来一同从日本撤退，这无疑是一项大
工程。尽管我们无法确知书纪所载的郭务悰等人于五月
三十日归国的真实性，但可以肯定他们确实耗费了相当
多的时日。

天武朝实施了各种新的政策，其中之一为八色姓。这
一政策是为了制定新的社会秩序。一方面，在白村江之战
中，很多军事氏族遭受重创，而在壬申之乱中又有大量的
文官身亡，并且近江朝廷的官员们遭到处罚，导致日本国
内尤其是朝廷上下人才不足。另一方面，日本流入了大量
的百济亡命者，其中成为朝廷官员的人并不在少数。因此
很有必要对这些人加以整顿。

以往评价八色姓是为了确立以天皇为中心的中央集权
国家和天皇亲政政府而制定的。这样的认识没有错。但不
仅如此，实际上人才不足、人才混乱也是事实。

从齐明朝到天智朝，因为出兵救援百济复国军，许多
军事氏族都死于异国他乡。因此大海人王子认定即便只是
聚集了少数伊贺、伊势、美浓的豪族武装（舍人军），也
足以对抗中央政府军。

倘若没有组建百济救援军，以阿倍氏为中心的中央政

府军仍然存在，单靠豪族武装来推翻政府应该是非常困难的。从这个意义上来说，可以认为正是齐明做出救援百济的决定，给了大海人发动武装政变的良机，白村江战败成为武装政变得以实现的决定性因素。

另外，虽然战败的消息不断地传入日本，但是由于战斗并非发生在日本国内，因此对于担任留守职责的大和氏族们来说，被唐军击败的真实感是很淡薄的。而现实中他们却不得不接受大唐的羁縻统治，故而在气势、现实和想象之间产生了反差，这个反差的宣泄口就指向了当时的政府——近江朝廷。

反对迁都近江、反对接受大唐的律令，以及不满政府对唐软弱外交政策等，这些情绪在那些没有切实感受到战败的畿内豪族们心中积攒着，最终都成了大海人决意发起武装政变的诱因。

《日本书纪》极力贯彻了不记录唐朝对日羁縻政策的方针。这也可以说是理所当然的。如果不想把战败后的屈辱情形特意留在历史中，这么做也是人之常情。而这件事因为新罗把大唐的势力从朝鲜半岛驱逐出去而变得可能了。由于壬申之乱的胜利，天武得以"重启日本"。有必要考虑到这两件事使得《日本书纪》的记载内容被大幅更改的可能性。

如果是这样的话，从《日本书纪》中抹去的其中一个内容就是《近江令》。如前所述，认为《近江令》并不存在的说法最为盛行。虽然《弘仁格式》的序中写到"至天智天皇元年，制令廿二卷，世人所谓近江朝廷之令"，但实际上无法确认。《日本书纪》天智十年正月六日条关于冠位、法度的注中只是记载"法度、冠位之名，具载于新律令"，而并不清楚这个"新律令"究竟是什么。没有任何史料描述了二十二卷《近江令》的具体情况。因此怀疑制定《近江令》的学说也根深蒂固。不过，天武十年（681）二月二十五日条有"朕今更定律令，欲改法式"一语，表明天武意图修改既定的法令；持统三年（689）六月二十九日条又有"班赐诸司令一部二十二卷"一语，提示修订而成的法令有二十二卷。不能无视这些能够推测《近江令》实际存在的史料。

令的编纂是一个大工程。虽然只有二十二卷，但既然是国家事业，这些内容理应记载于《日本书纪》之中。然而，其未被记录在内，显然是出于某种缘由。

而这个缘由，正如上文所考察的那样，恐怕是因为《近江令》是在大唐的指示下被编纂的。也就是说，由于《近江令》是以大唐的律令为母本慌忙编纂而成的，因此天武朝不承认《近江令》，而试图代之以重新编纂的飞鸟《净御原令》。

日本自推古朝以来就已经开始研究引入律令制的问

题。孝德朝以僧旻等人为中心采取了积极引入的政策。然而由于白村江战败，日本仓促间被迫推行大唐的律令，日本国内对此的抵抗情绪从天智时期的量变开始，以至于促成了近江朝遭遇叛乱这样的质变，这反映了日本对待大唐律令制的意识变化。

此时和幕末日本的政治状况十分相似，即尽管在外交上必然要选择打开国门，地方下级士族却将不满情绪发泄到屈从于欧美外压的幕府身上，"攘夷"转变为"倒幕"。而这些积攒的不满或许也是引发壬申之乱的一个原因。

另一方面，由于大唐的势力是因新罗的抵抗而撤出的，故而天武朝、持统朝与新罗保持了积极的国交。这也就是所谓的"敌人的敌人即朋友"的理论。虽然我们并不清楚当时新罗是以怎样的态度面对日本的，但在那之后新罗必须对唐朝继续保持警惕，所以肯定也想和日本维持友好关系。

新罗虽然是战胜国，但没有直接参与白村江之战。它对日本可以保持一种处于优势的地位，但是在与大唐之间关系紧张的背景下，和日本进行外交接触以处理好当时国际关系的平衡才是上策。

历史不仅是在重演，对各个方面也会产生全新的影响。隋唐帝国的成立和律令制所带来的充沛国力影响到了整个亚洲，促使朝鲜半岛走向统一。日本因为卷入中国、朝鲜之间的纷争而战败，使得古代大和政权的政治体制被全面刷新。与此同时，律令制被快速强制引入，对此积蓄的反抗情绪引发了壬申之乱，结果日本形成了中央集权制的政体。

# 后　记

　　《日本书纪》天智纪描绘了仅仅十年的岁月，本书正是对如何解释这个时代做出的一种尝试。

　　在《日本书纪》的记载中，尽管日本战败，但作为战胜国的唐朝并没有拿此事做文章，不仅没有要求任何赔偿，反而以低姿态请求建立友好关系——我们在解释这样一种虚构的历史情境时，不应该背离战败的残酷现实，而应还原试图走出战败阴影的天智朝是如何艰苦奋斗的历程，这正是本书的目的。

　　正如本书开头所写的那样，战争毫无疑问是愚蠢的行为。

　　这种愚行在历史上反反复复地出现却也是事实。

　　似乎一旦和平长期延续，人们就会忘记回头去关注过去的错误。

　　在这一现象的背后，大概是因为有着不想让子孙后代知道悲惨的历史、在和平的时代里没有必要特意去告知这些历史等想法吧。进而在不向下一代讲述真实历史之时，人们也渐渐地忘却了这些历史。

历史本身就是想象力，但与空想迥异。历史不是思考完全脱离现实的情境，而是如何能够尽量贴近过去事实的想象力。倘若没有这种想象力，人类也就失去了温情，因为如此一来便不能站在对手的立场上去对事物进行换位思考。

本书大量采用了在历史学中被当作禁忌的想象力。这是因为笔者希望能够借此使读者们发现上述这段历史中原本所包含的想象因素。

本书为了向读者们展现天智所面临的严峻现实而引用了《三国史记》《旧唐书》《资治通鉴》等朝鲜和中国的史料。虽然笔者意识到关于这些史料，韩国和中国的学者们的研究成果很多，但惭愧的是，对于并不精通韩语和汉语的笔者来说，无法参考并利用这些研究。在这个意义上，笔者关于当时东亚局势的知识积累恐怕远不及可能通晓古代朝鲜语和汉语的天智等人吧。即使如此，笔者对这些史料做出的蹩脚的训读和现代日语翻译，多少能够让读者们感受到 7 世纪的东亚局势，也可以说是尽了最大的努力。若有误读、误译之处，还请诸君宽恕。

最后，衷心感谢三猿舍的安田清人先生与 NHK 书籍

编辑部的伊藤周一朗先生，前者听闻了本书的概要后便向
NHK 书籍编辑部做了推荐，后者则完全不介意本书有别
于历来的主流观点的挑战性内容，接受了刊行工作。另
外，在此也要感谢韩日关系史学会的诸君提供机会，让笔
者能够在学会上发表作为本书内容前身的研究成果。

# 译后记

　　在中日交往史上，白村江之战作为两国之间第一次军事冲突，历来为史家所关注。此战牵涉到大唐、日本、新罗、百济复国军等多方势力，尽管参战者的名单中并无高句丽，但在日本介入朝鲜半岛局势的背后亦可见到高句丽的身影，可以说在7世纪中叶风云变幻、错综复杂的东北亚国际环境中，这场仅发生了一次战役的唐日之战，却是东北亚史研究上一个极佳的切入点。然而对于亲历了这段历史的各国而言，史料记载所反映的历史记忆却不尽相同，如何糅合各方的记述，对描述同一事件或人物的不同史料抽丝剥茧、去伪存真，自然就成了至关重要的步骤。但无论是白村江之战还是后来万历年间的朝鲜战争，迄今的研究中仍存在很多众说纷纭甚至让人疑窦丛生之处。不过有意思的是，尽管如此，这些研究在研究思路的整体方向性上却又表现出惊人的统一，总是循着一种万变不离其宗的模式展开。

在围绕白村江之战的研究中，通常论述的主线便是：日本战败后因恐惧唐军的报复性侵略而高度戒备、加强本土防御，大唐则因征伐高句丽的战略目标而无意与日本进一步交恶，故主动遣使日本以图重修于好。表面上看，这确实是在当时的国际形势下符合逻辑的解释，但如果仔细琢磨，实际上又有很多细节难以自圆其说。譬如本书着墨甚多的郭务悰、刘德高等唐使访日事件，倘若只是为了表达大唐的善意，何以有必要派出多达二百余人甚或二千余人的使团？相比之下，日本为了全面汲取大唐文明而派出的十多次遣唐使节团中，人数最多的也不过五六百人，这还是其中包含了大量留学生和各行工匠的情况，显然很难想象只是为了外交事务而赴日的大唐使团需要如此庞大的规模。以往的研究也试图对此做出合理的解释，比如针对郭务悰第三次访日时率领二千余人的问题有过诸多说法：输送百济难民说、送还日本战俘说、威压日本说，等等。近年来也有学者认为使团本身不过六百人，但为了防备已与大唐敌对的新罗的阻拦而增加了一千四百人的护卫兵力，而其目的可能是向日本购买军需物资以缓解大唐百济驻军的困境。这些不一而足的观点都未曾跳出上述主线思路的藩篱，缝缝补补的解释只是让人更加困惑。

在这样难见突破的研究困境中，本书作者中村修也先生的想象力不由得令人眼前一亮。初期的大唐如日中天，利用连年对外战争的军事优势构筑了基于羁縻统治形式的庞大帝国。面对这样的大唐帝国，在白村江之战中惨败并失去所有精锐部队的日本，真的还有决心和能力抗拒被纳入大唐支配的羽翼之下吗？而国力强盛且正在重建东北亚国际秩序的大唐又真的会放过这个降服日本的好机会吗？本书无疑给我们提供了崭新的思路。书中提出了许多大胆的观点和猜想，同时参考了中国和朝鲜方面的史料，结合最新的考古发现，从多个角度重新解释以《日本书纪》为中心的日本古代历史记述，描绘了白村江之战后大唐基于一贯的羁縻支配原则，对日本进行的一系列战后处理措施，特别是引入户籍、律令等中国式统治制度的图景。而对于日本来说，这一短暂且因屈辱而被后人刻意埋没的历史经验，却在大唐势力从朝鲜半岛退出之后，帮助日本走上了独立建设律令制国家的道路。

　　真实的历史自然已不可能再还原，史学研究者的责任只在于通过谨慎地分析史料来提出一个个可能的解释罢了。在这个过程中，想象力是不可或缺的，但倘若不能建立在足够强有力的史料支撑上，"天才的想象"很容易沦落为荒诞的闹剧。无须讳言，本书中的一些论证显然缺少更加令人信服的证据，只是停留在纯粹想象的层面。其中给译者留下最深刻印象的是对草薙剑被盗事件前因后果的全面重构，仅从书中引据的史料来看，或许此事件的发生与新罗确有关联，但很难让人认可作者所推测的日本主动向新罗献上草薙剑这一行为和动机。固然不能否认当时日本有与新罗秘密联系以图共同抵抗大唐的可能性，但必须考虑到的是，在唐军先后灭亡百济、高句丽，又摧毁日军主力的情况下，很难想象日本有信心将反唐的希望寄托在新罗身上，更遑论假如日本确实正处在大唐的实际羁縻掌控之中。大唐因陷入与吐蕃的战事而最终不得不放弃对半岛的军事支配，这一点在后人看来当然是实实在在发生过的历史，但在草薙剑被盗的那个时间点上，恐怕连新罗自身也不敢有十足的自信吧。

总之，本书最大的价值在于为白村江之战后的日本史及唐日关系史的演进提供了新的视角，对于解读7世纪中叶那段扑朔迷离的历史真相具有相当大的启发意义，但书中在一些论点上的史料不足以及对史料的误读等问题也是明显存在的。由于译者本身的专业方向是唐宋时代的经济史、财政史，对日本史和东北亚史的了解和认识远远谈不上精深，只能在能力范围之内对作者论述上的含糊或失误之处以译者注的形式稍做解释，希望能够帮助读者更好地理解本书的内容。

另外，这本小书虽然篇幅不大，但译稿亦有十万字，对于初次尝试学术著作翻译的译者来说是个不小的考验。

感谢本书责任编辑沈艺女士对译稿的反复审读，帮助我修正了不少理解上的错误和别扭的文字表达，希望最终能够呈现给读者一部比较完善的译作，也不负本书所体现的价值。

是为后记。

吴明浩

# 文献一覧

## 参考史料

　坂本太郎・家永三郎・井上光貞・大野晋校注『日本書紀（下）』岩波書店、一九六五年

　小島憲之ほか校注・訳『新編日本古典文学全集4 日本書紀③』小学館、一九九八年

　佐竹昭広ほか編『新日本古典文学体系1 万葉集1』岩波書店，一九九九年

　小島憲之校注『日本古典文学体系69　懐風漢』岩波書店、一九六四年

　沖森卓也・佐藤信・矢嶋泉『藤氏家伝　鎌足﹒貞慧　武智麻呂伝　注釈と研究』吉川弘文館、一九九九年

　田中健夫編『善隣国宝記　新訂続善隣国宝記』集

英社、一九九五年

　　朝鮮史学会編・末松保和校訂『三国史記（全）』国書刊行会、一九七一年

　　金富軾著・金思燁訳『完訳三国史記（上・下）』六興出版、一九八〇年

　　金富軾著・井上秀雄訳注『三国史記 1』平凡社、一九八〇年

　　金富軾著、井上秀雄訳注『三国史記 2』平凡社、一九八三年

　　金富軾著・井上秀雄・鄭早苗訳注『三国史記 4』平凡社，一九八八年

　　『唐書』中華書局

　　『旧唐書』中華書局

　　『資治通鑑』中華書局

# 参考文献

　　青木和夫「浄御原令と古代官僚制」「律令論」『日本律令国家論攷』岩波書店、一九九二年

　　赤司善彦「北部九州の古代山城」考古学研究会岡山例会委員会編『シンポジウム記録 4　激動の七世紀と古代山城・吉備の鉄』考古学研究会、二〇〇四年

池内宏『満鮮史研究　上世　第二冊』吉川弘文館、一九七九年

池田温「隋唐世界と日本」池田温編『古代を考える　唐と日本』吉川弘文館、一九九二年

市大樹「大化改新と改革の実像」『岩波講座　日本歴史　第2巻』岩波書店、二〇一四年

井上秀雄訳注『三国史記1~3』平凡社、一九八〇~一九八六年

井上秀雄・鄭早苗訳注『三国史記4』平凡社、一九八八年

井上光貞「大化改新と東アジア」『岩波講座　日本歴史2　古代2』岩波書店、一九七五年

大津市『新修大津市史1』大津市役所、一九七八年

大津市歴史博物館編『近江・大津になぜ都は営まれたのか』大津市歴史博物館、二〇〇四年

鐘江宏之『全集　日本の歴史　第3巻　律令国家と万葉びと』小学館、二〇〇八年

岸俊男「防人考」『日本古代政治史研究』塙書房、一九六六年

鬼洲清明『日本古代国家の形成と東アジア』校倉書房、一九七六年

鬼頭清明『白村江──東アジアの動乱と日本』教

育社歴史新書、一九八一年

　葛継勇「東アジア情勢における祢軍の活動と官歴」
「朝鮮学報　第二三〇輯」二〇一四年

　熊谷公男『日本の歴史　第3巻　大王から天皇へ』
講談社、二〇〇一年

　倉住靖彦「天智四年の築城に関する若干の検討」
斎藤忠編『日本考古学論集8　武器・馬具と城柵』吉川
弘　文館、一九八七年

　倉住靖彦「大宰府の成立」田村圓澄編『古代を考
える　大宰府』吉川弘文館、一九八七年

　倉住靖彦「大宰府成立までの経過と背景」下條信
行ほか編『新版古代の日本　第三巻　九州・沖縄』角
川書店、一九九一年

　倉本一宏『戦争の日本史2　壬申の乱』吉川弘文
館、二〇〇七年

　栗原益男「七、八世紀の東アジア世界」唐代史研
究会編『隋唐帝国と東アジア世界』汲古書院、一九七
九年

　胡口靖男「近江遷都の構想」『近江朝と渡来人——
百済鬼室氏を中心として』雄山閣出版、一九九六年

　齊藤茂雄「唐代單于都護府考——その所在地と成
立背景について」『東方学』1 第二輯、二〇〇九年

坂本太郎「日本書紀と伊吉連博徳」「天智紀の史料批判」『坂本太郎著作集　第二巻　古事記と日本書紀』吉川弘文館、一九八八年、初出は一九六〇年

笹山晴生監修『古代山城鞠智城を考える』山川出版社、二〇一〇年

佐藤長門『日本古代王権の構造と展開』吉川弘文館、二〇〇九年

佐藤信「古代国家と烽」『出土史料の古代』東京大学出版会、二〇〇二年

篠川賢『日本古代の歴史②　飛鳥と古代国家』吉川弘文館、二〇一三年

新蔵正道「「白村江の戦」後の天智朝外交」『史泉　第七一号』一九九〇年

鈴木靖民「百済救援の役後の日唐交渉」坂本太郎博士古稀記念会編『続日本古代史論集上巻』吉川弘文館　一九七二年

鈴木靖民「日本律令国家と新羅・渤海」『古代対外関係史の研究』吉川弘文館、一九八五年

鈴木靖民「東アジアにおける国家形成」『岩波講座日本通史3　古代2』岩波書店、一九九四年

鈴木靖民「日本律令の成立と新羅」『倭国史の展開と東アジア』岩波書店、二〇一二年

鈴木靖民『倭国史の展開と東アジア』岩波書店、二〇一二年

高木市之助『吉野の鮎　記紀萬葉雑攷』岩波書店、一九四一年

竹内理三「天武「八姓」制定の意義」『史淵』四三号、一九五〇年、後に『律令制と貴族政権』第一部に所収、御茶の水書房、一九五七年

太宰府市史編集委員会編『太宰府市史　考古資料編』一九九二年

田中卓「天智天皇と近江令」『神道史研究』八巻六号、一九六〇年

田村圓澄『東アジアのなかの日本古代史』吉川弘文館、二〇〇六年

趙仁成「高句麗の滅亡と復興運動の展開」東北亞歴史財団編、田中俊明監訳、篠原啓方訳『高句麗の政治と社会』明石書店、二〇一二年

出宮徳尚「古代山城再考」考古学研究会岡山例会委員会編『シンポジウム記録4　激動の七世紀と古代山城・吉備の鉄』、考古学研究会、二〇〇四年

鄭孝雲「白村江の戦い後の対外関係——第五次遣唐使の派遣目的と関連して」』古代文化四五（三）』一九九三年

田美姫「淵蓋蘇文の執権と政権の限界」東北亞歷史財団編、田中俊明監訳、篠原啓方訳『高句麗の政治と社会』明石書店、二〇一二年

遠山美都男『白村江　古代東アジア大戦の謎』講談社現代新書、一九九七年

直木孝次郎『日本の歴史2　古代国家の成立』中央公論社、一九六五年

直木孝次郎「近江朝末年における日唐関係——唐使・郭務悰の渡来を中心に」『古代日本と朝鮮・中国』講談社学術文庫、一九八八年

永留久恵「対馬「金田城」考」九州歴史資料館編『九州歴史資料館開館十周年記念　大宰府古文化論叢（上）』吉川弘文館、一九八三年

中村修也「古代商人と時間意識の成立」『年報日本史叢一九九三』筑波大学歴史・人類学系、一九九四年。後に『日本古代商業史の研究』に所収、思文閣出版、二〇〇五年

中村修也「蘇我赤兄の再評価」あたらしい古代史の会編『王権と信仰の古代史』吉川弘文館、二〇〇五年

中村修也『偽りの大化改新』講談社現代新書、二〇〇六年

中村修也「白村江の戦い以後の日本の社会」韓日関係史学会国際シンポジウム報告集『韓日の歴史の中の戦後処理』韓日関係史学会、二〇一〇年

中村修也『白村江の真実　新羅王・金春秋の策略』吉川弘文館、二〇一〇年

西谷正「朝鮮式山城」『岩波講座　日本通史　第3巻　古代2』岩波書店、一九九四年

西村元佑「東トルキスタン（西州）における唐の直轄支配と均田制──貞観一四年九月安苦知延手実と貞観年中巡撫高昌詔の意義を中心として」唐代史研究会編『隋唐帝国と東アジア世界』汲古書院一九七九年

林陸朗「近江令と浄御原律令」『国史学』六三号、一九五四年

早川庄八「律令制の形成」『岩波講座日本歴史2古代2』岩波書店、一九七五年

原島礼二「天武八姓の歴史的意義（上・下）」『歴史評論』一二三号・一九六〇年

北條秀樹「初期大宰府軍制と防人」下條信行ほか編『新版古代の日本　第三巻　九州・沖縄』角川書店、一九九一年

堀敏一『東アジアのなかの古代日本』研文出版、一九九八年

松田好弘「天智朝の外交について——壬申の乱との関連をめぐって」『立命館文学』四一五・四一六・四一七合併号、一九八〇年

水林彪『記紀神話と王権の祭り　新訂版』岩波書店、二〇〇一年

村上四男「新羅と小高句麗国」旗田巍・井上秀雄編『古代の朝鮮』学生社、一九七四年

森公章『「白村江」以後』講談社選書メチエ、一九九八年

森公章「朝鮮半島をめぐる唐と倭」「古代耽羅の歴史と日本」『古代日本の対外認識と通交』吉川弘文館、一九九八年

森公章『戦争の日本史1　東アジアの動乱と倭国』吉川弘文館、二〇〇六年

森公章「朝鮮三国の動乱と倭国」荒野泰典ほか編『日本の対外関係2　律令国家と東アジア』吉川弘文館、二〇一一年

八木充『日本古代政治組織の研究』塙書房、一九八六年

吉田孝『大系日本の歴史3　古代国家の歩み』小学館、一九八八年

李仁哲「高句麗による夫余と靺鞨の統合」東北亜

史財団編『高句麗の政治と社会』明石書店、二〇一二年

　林起煥「国際秩序の変動と隋・唐との戦争」東北亜歴史財団編『高句麗の政治と社会』明石書店、二〇一二年

　盧泰敦著、橋本繁訳『古代朝鮮　三国統一戦争史』岩波書店、二〇一二年

# 相关年表

| 公元纪年 | 日本纪年 | 月日 | 事件 | 出典 |
|---|---|---|---|---|
| 654 | 白雉　五 | 五月 | ● 唐朝册封开府仪同三司新罗王 | 《新罗本纪》 |
| 655 | 齐明　元 | 正月 | ● 面对高句丽、百济联军，新罗请求唐朝救援 | 《新罗本纪》 |
| | | 三月 | ● 唐朝派遣营州都督程名振、右卫中郎将苏定方出援新罗，进攻高句丽 | 《旧唐书》 |
| 656 | 齐明　二 | | ● 金仁问从唐朝回国后，监督獐子城的修筑工作 | 《新罗本纪》 |
| | | 七月 | ● 新罗向唐朝派出右文卫将军文王，请求组建百济讨伐军 | 《新罗本纪》 |
| 659 | 齐明　五 | 四月 | ● 新罗派使者前往唐朝，再次请求联军讨伐百济 | 《新罗本纪》 |
| 660 | 齐明　六 | 三月 | ● 唐高宗任命左武卫将军苏定方为神丘道行军大总管、金仁问为副大总管，与左骁卫将军刘伯英等率领十三万水陆大军讨伐百济。进而以武列王为嵎夷道行军总管，授命援助唐军 | 《旧唐书》 |

# 天智天皇的日本

| 公元纪年 | 日本纪年 | 月日 | 事件 | 出典 |
|---|---|---|---|---|
| 660 | 齐明　六 | 七月十日 | • 武烈王命太子法敏、金庾信、品日、钦春等率领精兵五万与唐军会合 | 《新罗本纪》 |
| | | 七月十二日 | • 唐罗联军包围义慈王所居城池。十八日义慈王等人投降 | 《新罗本纪》 |
| | | 七月十八日 | • 百济灭亡。义慈王出熊津城归降 | 《新罗本纪》 |
| | | 九月五日 | • 百济向日本派出沙弥觉徒等人,陈诉百济窘状 | 《日本书纪》 |
| | | 十月 | • 百济的鬼室福信派遣佐平贵智前往日本请求援军,并恳求余丰璋回国 | 《日本书纪》 |
| 661 | 齐明　七 | 五月九日 | • 齐明到达筑紫,迁居朝仓橘广庭宫 | 《日本书纪》 |
| | | 六月 | • 担任高宗宿卫的金仁问、儒敦等人返回新罗 | 《新罗本纪》 |
| | | 七月十七日 | • 文武王以金庾信为大将军,以金仁问、真珠、钦突为大幢将军,编组军队 | 《新罗本纪》 |
| | | 七月二十四日 | • 齐明于朝仓宫驾崩。中大兄以丧服执政。是月,迁居长津宫 | 《日本书纪》 |
| | | 八月 | • 派遣前将军阿昙比逻夫、河边百枝,后将军阿倍引田比逻夫、物部熊、守君大石领军救援百济复国军 | 《日本书纪》 |
| | | 九月 | • 中大兄于长津宫向余丰璋授予织冠,派兵五千余人护送其归国 | 《日本书纪》 |

| 公元纪年 | 日本纪年 | 月日 | 事件 | 出典 |
|---|---|---|---|---|
| 662 | 天智 元 | 正月 | ● 高宗册封文武王为开府仪同三司上柱国乐浪郡公新罗王 | 《新罗本纪》 |
| | | 正月二十七日 | ● 天智向百济的鬼室福信赠予箭矢十万支、丝五百斤、棉一千斤、布一千端、韦一千张、稻种三千斛 | 《日本书纪》 |
| | | 二月 | ● 耽罗国王前往新罗,表示臣服 | 《新罗本纪》 |
| | | 五月 | ● 阿昙比逻夫连等人率一百七十艘战船护送余丰璋返回百济 | 《日本书纪》 |
| | | 七月 | ● 伊飡金仁问被派往唐朝上供土产 | 《新罗本纪》 |
| | | 是岁 | ● 日本为救援百济而修理兵器、准备船舶、储备军粮 | 《日本书纪》 |
| 663 | 天智 二 | 三月 | ● 命前将军上毛野稚子、间人大盖,中将军巨势神前译语、三轮君根麻吕,后将军阿倍引田比逻夫、大宅镰柄率领二万七千人征讨新罗 | 《日本书纪》 |
| | | 四月 | ● 唐朝以新罗为鸡林大都督府,文武王为鸡林州大都督 | 《新罗本纪》 |
| | | 五月 | ● 高宗派右威卫将军孙仁师领兵四十万赴任熊津府城 | 《旧唐书》 |
| | | 六月 | ● 余丰璋怀疑福信阴谋反叛而将其杀害 | 《日本书纪》 |

**天智天皇的日本**

| 公元纪年 | 日本纪年 | 月日 | 事件 | 出典 |
|---|---|---|---|---|
| 663 | 天智 二 | 八月 十三日 | ● 日本于白村江之战大败于唐朝 | 《日本书纪》 |
| | | 九月 二十四日 | ● 余自信、木素贵子、谷那晋首、亿礼福留与百济遗民乘日本船只投奔日本 | 《日本书纪》 |
| 664 | 天智 三 | 正月甲子 | ● 高宗改云中都护府为单于大都护府 | 《旧唐书》 |
| | | 二月 | ● 角干金仁问、伊飡天存与唐朝的刘仁愿和百济的扶余隆会盟于熊津的就利山 | 《新罗本纪》 |
| | | 二月九日 | ● 制定冠位二十六阶与民部、家部 | 《日本书纪》 |
| | | 三月 | ● 百济残党据泗沘山城叛乱,熊津都督府出兵将之击败 | 《新罗本纪》 |
| | | 五月 十七日 | ● 唐朝百济镇将刘仁愿派遣郭务悰等人赴日,下赐表函 | 《日本书纪》 |
| | | 十二月 十二日 | ● 郭务悰归国 | 《日本书纪》 |
| | | 是岁 | ● 日本于对马岛、壹岐岛、筑紫国配置防人与烽火台,于筑紫修造水城 | 《日本书纪》 |
| 665 | 天智 四 | 二月 | ● 安置百济遗民四百余人居住于近江国神前郡 | 《日本书纪》 |
| | | 八月 | ● 令答体春初修筑长门城,亿礼福留、四比福夫修筑大野城、基肄城 | 《日本书纪》 |

| 公元纪年 | 日本纪年 | 月 日 | 事件 | 出典 |
|---|---|---|---|---|
| 665 | 天智 四 | 八月 | • 文武王与唐朝敕使刘仁愿、熊津都督扶余隆会盟于熊津就利山城。唐高宗命扶余隆安抚、劝降百济残党并与新罗讲和。刘仁轨率新罗、百济、耽罗、倭国使者前往参加高宗泰山封禅大典 | 《新罗本纪》 |
| | | 九月二十三日 | • 唐朝派遣刘德高、郭务悰前往日本 | 《日本书纪》 |
| | | 十一月 | • 唐朝任命李勣为辽东道行军大总管、郝处俊为副总管进攻高句丽 | 《旧唐书》 |
| | | 十二月是月 | • 刘德高归国 | 《日本书纪》 |
| | | 是岁 | • 天智向唐朝派出小锦守君大石、坂合部石积、吉士岐弥、吉士针间 | 《日本书纪》 |
| 666 | 天智 五 | 正月一日 | • 高宗于泰山举行封禅仪式 | 《旧唐书》 |
| | | 六月壬寅 | • 高句丽的渊盖苏文死。男生继其位 | 《旧唐书》 |
| | | 十月己酉 | • 高宗以李勣为辽东道行军大总管征讨高句丽 | 《旧唐书》 |
| | | 是冬 | • 天智将百济遗民男女二千余人安置于东国 | 《日本书纪》 |
| 667 | 天智 六 | 三月十九日 | • 迁都近江 | 《日本书纪》 |
| | | 七月 | • 新罗奉唐朝的命令,以智镜、恺元为将军赴辽东之役 | 《新罗本纪》 |
| | | 八月 | • 天智行幸倭京 | 《日本书纪》 |

## 天智天皇的日本

| 公元纪年 | 日本纪年 | 月日 | 事件 | 出典 |
|---|---|---|---|---|
| 667 | 天智　六 | 十一月九日 | • 刘仁愿派熊津都督府熊山县令上柱国司马法聪前往筑紫 | 《日本书纪》 |
| | | 十一月是月 | • 于大和、赞岐的山田郡、对马岛分别修筑高安城、屋岛城、金田城 | 《日本书纪》 |
| 668 | 天智　七 | 正月庚寅 | • 高宗任命右相刘仁轨为辽东道副大总管 | 《旧唐书》 |
| | | 五月五日 | • 天智于近江国蒲生野举行药猎 | 《日本书纪》 |
| | | 六月十二日 | • 刘仁轨抵达党项津，金仁问以大礼相迎 | 《新罗本纪》 |
| | | 六月二十一日 | • 文武王以金庚信为大幢大总管，自金仁问以下组建大军团 | 《新罗本纪》 |
| | | 七月 | • 天智任命栗前王为筑紫率 | 《日本书纪》 |
| | | 九月十二日 | • 新罗向日本派出金东严等人 | 《日本书纪》 |
| | | 九月癸巳 | • 唐朝李勣率军攻破平壤城，俘虏宝藏王、渊男建，高句丽灭亡。设立安东都护府，分置四十二州 | 《旧唐书》 |
| | | 九月二十一日 | • 文武王听闻唐军平定高句丽后从汉城出发前往平壤 | 《新罗本纪》 |
| | | 十月 | • 高句丽灭亡 | 《旧唐书》 |

| 公元纪年 | 日本纪年 | 月日 | 事件 | 出典 |
|---|---|---|---|---|
| 668 | 天智 七 | 十一月五日 | • 派遣道守臣麻吕与吉士小鲔赴新罗。金东严归国 | 《日本书纪》 |
| | | 是岁 | • 沙门道行偷盗草雉剑,欲逃亡新罗,途遇风雨而返 | 《日本书纪》 |
| 669 | 天智 八 | 一月 | • 任命苏我赤兄为筑紫率 | 《日本书纪》 |
| | | 八月三日 | • 天智登高安岭,停止建造高安城 | 《日本书纪》 |
| | | 九月 | • 新罗派遣督需等人赴日 | 《日本书纪》 |
| | | 是冬 | • 继续修筑高安城,并征收畿内田税 | 《日本书纪》 |
| | | 是岁 | • 天智向唐朝派出河内直鲸等人 | 《日本书纪》 |
| | | 是岁 | • 百济遗民佐平余自信、佐平鬼室集斯等七百余人被迁居于近江蒲生郡 | 《日本书纪》 |
| | | 是岁 | • 唐朝派遣郭务悰等二千余人赴日 | 《日本书纪》 |
| 670 | 天智 九 | 二月 | • 制订庚午年户籍。修葺高安城。于长门造城一座、于筑紫造城两座 | 《日本书纪》 |
| | | 六月 | • 高句丽的牟岑纠合遗民推戴渊净土之子安胜为王,被文武王安置于金马渚 | 《新罗本纪》 |
| | | 七月 | • 文武王封安胜为高句丽王 | 《新罗本纪》 |
| | | 九月 | • 阿昙连颊垂被派往新罗 | 《日本书纪》 |
| 671 | 天智 十 | 一月五日 | • 任命大友王子为太政大臣,苏我赤兄为左大臣,中臣金连为右大臣 | 《日本书纪》 |

**天智天皇的日本**

| 公元纪年 | 日本纪年 | 月日 | 事件 | 出典 |
|---|---|---|---|---|
| 671 | 天智 十 | 一月六日 | ●大友王子实行冠位、法度之制。详细规定载于新律令 | 《日本书纪》 |
| | | 一月十三日 | ●刘仁愿派遣李守真等人赴日上表 | 《日本书纪》 |
| | | 一月是月 | ●天智任命很多百济人为重要官僚,如以余自信、沙宅绍明为法官大辅等 | 《日本书纪》 |
| | | 一月 | ●文武王发兵进攻百济故土,在熊津南部与唐军交战 | 《新罗本纪》 |
| | | 四月二十五日 | ●天智于新台设置漏刻 | 《日本书纪》 |
| | | 六月是月 | ●以栗隈王为筑紫率。新罗向日本派出使节 | 《日本书纪》 |
| | | 七月十一日 | ●唐朝李守真与熊津都督府的使者一同归国 | 《日本书纪》 |
| | | 十月六日 | ●新罗击败唐军战船七十余艘,俘虏郎将钳耳大侯等将士百余人 | 《新罗本纪》 |
| | | 十月七日 | ●新罗派出金万物赴日 | 《日本书纪》 |
| | | 十一月十日 | ●唐朝郭务悰等人自比知岛向大宰府传达即将抵日的计划 | 《日本书纪》 |
| | | 十一月二十四日 | ●近江宫发生火灾。火势起于大藏省的第三仓库 | 《日本书纪》 |
| | | 十二月三日 | ●天智驾崩于近江宫 | 《日本书纪》 |
| 672 | 天武 元 | 五月十二日 | ●赐郭务悰铠甲、弓矢。三十日,郭务悰归国 | 《日本书纪》 |

| 公元纪年 | 日本纪年 | 月日 | 事件 | 出典 |
|---|---|---|---|---|
| 672 | 天武 元 | 六月二十二日 | • 壬申之乱爆发 | 《日本书纪》 |
| | | 是冬 | • 唐朝左监门大将军高侃于横水败于新罗军 | 《旧唐书》 |
| 673 | 天武 二 | 二月二十七日 | • 天武即位于飞鸟净御原宫 | 《日本书纪》 |
| | | 闰六月十五日 | • 新罗派遣金承元等人赴日祝贺天武即位,并祭奠天智丧仪 | 《日本书纪》 |
| | | 七月一日 | • 金庾信去世 | 《新罗本纪》 |
| | | 九月 | • 唐军与靺鞨、契丹联军共同侵入新罗北部,但被新罗军击退 | 《新罗本纪》 |
| 674 | 天武 三 | 二月 壬午 | • 高宗任命左庶子中书门下三品刘仁轨为鸡林道大总管,讨伐新罗 | 《旧唐书》 |
| 675 | 天武 四 | 二月二十三日 | • 天武行幸高安城 | 《日本书纪》 |
| | | 二月是月 | • 新罗派遣王子忠元、金比苏、金天冲、朴武摩、金洛水等人前往日本 | 《日本书纪》 |
| | | 三月是月 | • 新罗派朴勤修、金美贺赴日 | 《日本书纪》 |
| | | 七月七日 | • 天武派遣大伴连国麻吕、吉士前往新罗 | 《日本书纪》 |
| | | 九月二十九日 | • 唐朝李谨行领兵二十万驻屯买肖城,但败于新罗 | 《新罗本纪》 |
| 676 | 天武 五 | 二月甲戌 | • 高宗迁安东都护府于辽东 | 《旧唐书》 |

# 天智天皇的日本

| 公元纪年 | 日本纪年 | 月日 | 事件 | 出典 |
|---|---|---|---|---|
| 676 | 天武　五 | 十一月三日 | ●新罗派遣金清平赴日进国书,又另外派出金好儒等人 | 《日本书纪》 |
| | | 十一月 | ●新罗与唐朝薛仁贵所领唐军战于所夫里州伎伐浦,虽初战败北,但经大小二十二次战斗后得胜 | 《新罗本纪》 |
| 677 | 天武　六 | 二月丁巳 | ●高宗以宝藏王为辽东都督,并封其为朝鲜郡王,安置于安东府,又封扶余隆为带方郡王。迁安东都护府于新城 | 《旧唐书》 |
| | | 五月七日 | ●新罗人朴刺破等人漂泊至血鹿岛 | 《日本书纪》 |
| 678 | 天武　七 | 是岁 | ●新罗送还日本使节的官员前来筑紫,传达了新罗使者即将赴日的消息,但使者终因遭遇风暴而未能成行 | 《日本书纪》 |
| 679 | 天武　八 | 十月十七日 | ●新罗向日本派出金项那等人 | 《日本书纪》 |
| 681 | 天武　十 | 二月二十五日 | ●天武下诏制定律令、修改法条 | 《日本书纪》 |
| | | 三月十七日 | ●天武命川岛皇子等人记录帝纪与上古诸事 | 《日本书纪》 |

# 索　引

## 图书在版编目（CIP）数据

天智天皇的日本：白村江之战后的律令国家与东亚 /
（日）中村修也著；吴明浩译. -- 北京：社会科学文献
出版社，2019. 11
　　ISBN 978 - 7 - 5201 - 4670 - 8

　　Ⅰ . ①天… 　Ⅱ . ①中… ②吴… 　Ⅲ . ①东亚 - 古代史
- 研究②日本 - 古代史 - 研究 　Ⅳ . ①K310.3

中国版本图书馆 CIP 数据核字（2019）第 065116 号

## 天智天皇的日本
### ——白村江之战后的律令国家与东亚

著　　　者 / 〔日〕中村修也
译　　　者 / 吴明浩

出 版 人 / 谢寿光
责任编辑 / 沈　艺
文稿编辑 / 顾明源

出　　版 / 社会科学文献出版社·甲骨文工作室（分社）（010）59366527
　　　　　地址：北京市北三环中路甲29号院华龙大厦　邮编：100029
　　　　　网址：www. ssap. com. cn
发　　行 / 市场营销中心（010）59367081　59367083
印　　装 / 北京盛通印刷股份有限公司

规　　格 / 开　本：889mm × 1194mm　1/32
　　　　　印　张：8.75　字　数：161千字
版　　次 / 2019 年 11 月第 1 版　2019 年 11 月第 1 次印刷
书　　号 / ISBN 978 - 7 - 5201 - 4670 - 8
著作权合同
登 记 号 / 图字 01 - 2018 - 0538 号
定　　价 / 56.00 元